심리학자의 회초리, 지도자를 울리다

이훈구가 말하는 한국의 리더

심리학자의 회초리, 지도자를 울리다

이훈구가 말하는 한국의 리더

이훈구 지음

기파랑

차례

　지금 한국은 커다란 사회적 혼란 속에 빠져있다. 이명박 정부에 대한 지지율이 하강하고, 국회가 제 기능을 다하지 못하며 판사들이 FTA 반대 청원을 대법원장에게 제출하고 있다. 행정부, 입법부, 그리고 사법부가 제 구실을 다하지 못하고 허둥지둥하고 있다. 몇 가지 구체적인 예를 들어보자. 박원순 시민운동가가 하루아침에 서울시장에 당선되었고, 안철수 인터넷 바이러스 연구가가 단시일에 가장 유망한 차기 대통령후보로 등장하고 있다. 정치가가 한 나라의 대통령 후보로 성장하기 위해서는 오랜 기간의 정치경력과 활동, 국민과의 소통이 있어야 하는데 박원순이나 안철수에게는 이런 통과의례가 필요 없었다. 이 사실은 현 한국정치가 국민들로부터 그만큼 불신임당하고 있다는 증거이다.

　한국 사법부의 도덕적 해이는 세계적으로 유명하지만 최근 또다시 추태를 보이고 있다. 최근 벤츠를 선물 받고 구속된 여검사가 있는가 하면, 한미 FTA 협상문을 놓고 대법원장에게 청원을 한 판사와 그를 따르는 일군의 법조인들이 있다. 민노당에 당비를 납부한 전교조 교직원에게 실증법을 위반했다고 판결하면서도 여당이 아닌 야당에게 도움을 준 것은 다른 식으로 처리해야한다고 무죄를 선고한 판사도 있다. 판사는 공정해야하고 정치로부터 영향을 받아서는 안 된다. 그럼에도 불구하고 한국의 법조인들 사이에서 뇌물이 오가고 불공정 재판이 행해지고 있다. '유전무죄, 무전유죄'라는 어처구니없는 재판이 한국 사법부의 치부이다.

행정부의 부패도 만만치가 않다. 이 대통령이 최근 불법으로 구매를 시도한 사저구입과 사촌처남의 뇌물사건으로 크게 인기가 하락하고 있다. 설상가상 그의 형 이상득 국회의원의 참모가 저축은행으로부터 고액의 금품을 수수하고 이를 교묘한 방법으로 돈세탁까지 했다는 사실이 드러났다. 한나라당(현 새누리당)의 쇄신파는 한나라당을 해체하고 새 정당으로 탈바꿈해야한다고 주장한다. 그만큼 이명박 정권의 부정이 다음 선거에서 몰고 올 파장이 크기 때문이다.

한나라당은 새로 창당하자는 혁신파와 수구파 간의 갈등이 깊어지고 이는 민주통합당도 마찬가지다. 통합야당과의 합당을 위한 전당대회를 치러놓고도 그 결과에 관해 찬성파와 반대파의 주장이 엇갈려 난투극을 벌였었다.

우리 학교사회의 추문도 끊이지 않는다. 왕따를 당한 학생들이 연거푸 자살했는데도 불구하고 교사들은 학생이 다른 이유로 자살했다고 발뺌한다. 학문진작을 위해 나라에서 지원한 연구비를 조교들에게 나누어주지 않고 착복한 교수가 있는가 하면, 어느 지방대학은 정부가 준 보조금을 재단이 유용하여 폐교처분을 받았다. 초중고 교사들이 제자를 성추행하는 일이 빈번하게 발생하여 학부모를 불안하게 만들고 있다. 전교조는 새로운 학생인권조례를 지지하여 드디어 서울시에서 이 조례가 통과되었다. 이 조례는 학생의 복장, 두발자유화를 포함해 학생 소지품 검사폐지 등을 적시(摘示)하고 있는데 교권을 무력화하고 교실붕괴를 가속화할 우려가 있다고 학부모들은 이를 반대했었다. 최근 학교에서 더 이상 학생을 가르칠 수 없다는 자괴감으로 일찍 명퇴를 신청하는 교사들이 늘고 있다.

우리사회 어디를 둘러보아도 존경하고 믿을만한 지도자가 없는 것 같다. 왜 우리사회에는 지도자 기근이 발생하고 있는가? 우리사회에 큰 지도자가 탄생하지 못하는 이유는 무엇인가? 지도자란 하루아침에 키워지는 것이 아닐 것이다. 성장과정에서부터 지도자로서의 안목과 신념이 길러지고, 그리고 좋은 선생을 만나 깊은 지식을 쌓아 미래를 보는 예지를 갖추어야할 것이다. 또 많은 사람과 일찍부터 교류를 쌓아 리더십역량을 갈고 닦아야할 것이다. 우리 가정, 학교, 사회는 지도자를 키우는 중요한 지도자 양성기관이다. 부모가 자녀의 지도자로서 필요한 성격을 심어주고 선생님들은 학생들에게 올바른 가치관과 인생관을 주입시켜준다. 그리고 각계각층의 지도자는 청소년들의 모델이 된다. 그런데 현 우리나라는 지도자를 길러내는 좋은 풍토인가? 결코 아니다. 그러면 앞으로 우리가 훌륭한 리더를 키워내려면 우리는 구체적으로 어떤 노력을 해야 하는가?

대통령, 국회의원은 우리가 뽑은 지도자다. 그러나 법조인과 대학교수는 원칙적으로는 우리가 뽑은 지도자가 아니다. 지금까지 판사와 검사는 사법고시를 치러 그 직에 임명되었다. 그래서 율사는 원칙적으로 스스로의 노력에 의해 뽑힌 리더다. 이는 교수도 마찬가지다. 교수가 되려면 우선 학위나 연구업적이 탁월해야한다. 그래서 교수도 율사와 마찬가지로 어느 정도 스스로 엘리트가 된 것이다. 그러나 율사나 교수도 일단은 임명절차를 통해 선출된다.

즉 사법고시에 합격한 사람이나 박사학위를 딴 학자는 각각 사법연수원에서 임명되거나 대학교수 선발위원회에서 뽑혀야 그 직에 임명된다. 따라서 약간 절차는 서로 다를지라도 대통령, 국회의원, 판사, 검사, 교수는 모두 우리가 뽑은 리더다. 그런데 우리가 뽑은 리더가 온전치 않은 리더라면 그 잘못은 누구에게 있는가? 일차적으로는 우리 국민 또는 선발위원회에 있다. 그래서 국민이 올바른 지도자를 가려볼 줄 아는 안목이 있어야만 훌륭한 리더가 탄생한다. 아무리 능력 있고 인품이 고매하더라도 선거권자들이 그런 사람을 알아보지 못하여 뽑지 않는다면 그는 리더가 될 수 없다.

요약한다면 현재 우리나라에는 사회 곳곳에 진정한 리더가 없고 설상가상으로 리더를 뽑기 위한 선발제도도 크게 미흡하다. 훌륭한 리더를 길러내고 이들을 잘 뽑는 것은 경제를 발전시키고 과학기술을 개발하는 것 못지않게 우리사회가 해결해야할 중차대한 과제이다. 이 책에서는 먼저 한국리더의 자화상을 한 번 그려볼 것이다. 우리사회의 리더는 어떤 사람들이고 이들이 제몫을 하고 있는지를 살핀다. 리더란 폭이 상당히 넓다. 정치계, 경제계, 법조계, 학계, 종교계 등 상당히 많다. 여기서 전 업계의 리더문제를 다룰 수는 없다. 우선 저자는 정치계, 법조계, 그리고 학계에서의 리더십만을 다루고자 한다.

이 책이 리더십 자체를 많이 취급하지만 종래의 책과는 그 초점이 몇 가지 점에서 다르다. 여기서는 정치계의 여러 지도자가 그 시대에서 어떻게 지도자로 선출되었는가 하는 과정을 간단히 조감할 것이다. 과거의 리더십 연구가 리더 그 자체만을 중시한 반면, 리더를 부상하게 만드는 사회문화적 여건과 추종자의 특징은 도외시했는데 이는 잘못된 것이다. 저자는 이 문제를 마찬가지로 비중을 두고 연구하려한다. 그 이유는 앞에서 말한 것처럼 리더는 추종자가 뽑기 때문이다.

마지막으로 저자는 우리사회에서 리더를 키우기 위한 여러 가지 방안, 예컨대 가정과 학교, 그리고 사회의 여건을 살펴보기로 한다. 마지막으로 리더를 선발하기 위한 선발체계상의 문제를 살펴보고 그 개선점을 지적하려한다.

이 책은 금년 말(2012년 12월)에 있을 대선을 위해 썼다. 우리가 진정한 리더를 어떻게 알아보고 뽑아야할 것인가를 미리 지적하여 국민들이 금년에 훌륭한 대통령을 뽑을 수 있도록 이 책을 저술했다. 그래서 이 책은 일반 대중을 대상으로 한다. 그러나 저자는 학자이므로 상식적인 이야기를 하기보다 역사적, 심리학적으로 밝혀진 사실에 주안점을 둘 것이다. 따라서 저자는 이 책이 식자나 학자들에게도 도움이 될 수 있는 책이 되도록 노력할 것이다.

제 1 부
한국 국회의원의 리더십

한국정치에 대해 실망하는 국민이 최근 급증했다. 국회에서 국회의원들이 회의장 점거를 둘러싸고 벌이는 집단 난투극, 그리고 최근 한미 FTA국회비준을 방해하기 위해 한 야당의원이 터트린 최루탄 투척사건 등은 우리를 슬프게 만든다. 이 최루탄 사건은 바로 CNN뉴스에서 중계되었는데 '한국 국회에서 이상한 일이 벌어졌다'라는 소개로 시작되어 나라망신을 시켰다. 박정희 대통령시절 김두한 의원이 분뇨가 든 통을 들고 와 국회단상에서 이를 투척한 사건이 발생했다. 그것이 지금으로부터 약 40년 전의 일이다. 이 사건은 우리나라 민도(民度)가 낮고, 민주국가로서의 정치역사가 짧았던 당시의 시대상황에 비추어 볼 때 좀 창피하지만 그래도 웃고 넘길 수 있는 사건이었다. 그러나 지금 우리의 경제는 세계 9위권으로 발돋움하고 있고 국민교육수준은 그 어느 나라 못지않게 높다. 대학진학률이 미국보다도 더 높고 OECD에서도 상위층이다. 이런 경제선진국, 교육 강국에서 한국정치가의 처신은 아직도 저개발 국가수준에 머물러 있으니 답답하기 짝이 없다.

1장
국회의원의 경력

앞에서 지적한 바와 같이 우리 국민은 한국정치에 대해 실망하고 식상하고 있다. 저자는 1940년생이라 비록 어린 나이였지만, 1950년 우리의 2대 국회의원을 뽑는 광경을 목격할 수 있었다. 당시 필자는 종로 1번지인 충신동에서 살았고, 선거구 중 제일 위상이 높은 종로구에서 출마한 정치가들의 모습을 지켜볼 수 있었다. 당시 종로구에서는 오하영과 김두한이 격돌했다. 당시 저자의 나이는 초등학교 3학년생이었지만 지금도 두 후보의 열띤 선거연설을 기억하고 있다.

오하영 후보는 3·1일 운동 민족대표 33인 중 하나로 독립운동가였던 반면, 김두한 후보는 그보다는 나이가 훨씬 어렸지만 유명한 독립군 지휘관인 김좌진 장군의 아들이다. 김두한은 학력은 볼품없었지만 알아주는 주먹세계의 왕자로서 일본 깡패도 그 앞에서는 꿈쩍하지 못했다.

저자는 처음 경험하는 선거연설이라 두 후보의 연설을 경청했다. 지금도 나는 오하영의 연설이 귓가에 맴돈다. 그는 자신이 나라의 독립을 위해 투쟁했고 이를 평생의 과업으로 생각했다며 다음과 같이 연설을 마무리 지었다.

"나는 아무리 독립운동을 열심히 했어도 뜻대로 우리나라가 독립이 되지 않는 사실을 보고 한 때 크게 낙심했습니다. 그래서 내가 혹시 죽은 후 우리나라가 독립이 되면 무덤을 파서 나의 눈을 도려내어 그것을 태극기에 매달아달라고 유언했습니다. 비록 죽었지만 죽은 눈으로나마 독립된 내 나라의 태극기를 바라볼 수 있기를 간절히 원했기 때문입니다."

이 연설을 듣고 선거구민들은 열렬히 박수를 보냈다. 지금 생각하면 좀 유치한 내용의 연설이지만, 당시 어린 저자는 물론 주위의 유권자 모두가 그가 진정한 애국자라는 사실에 의문을 품지 않았다.

2대 국회의원 선거가 끝난 몇 달 후 6·25전쟁이 벌어졌다. 이승만 대통령은 라디오방송에서 서울을 사수할 것이니 시민에게 동요하지 말라고 당부했다. 대부분의 서울시민은 대통령의 말을 철석같이 믿고 피란을 가지 않았다. 그러나 며칠 후 인민군이 서울을 점령했고 이미 이 대통령은 사전에 남쪽으로 몸을 피신한 터였다. 서울시민 모두가 허탈하고 분노했다.

서울이 함락된 며칠 후 나는 우연히 라디오방송을 듣고 다시 한 번 깜짝 놀랐다. 오하영 국회의원이 연설을 하고 있었다. 무슨 말을 하는지 귀 기울여 보니 북한 공산당을 지지하는 연설이었다. 33인 중 한 분이고 우리가 그렇게 존경하던 국회의원이 하룻밤 사이에 대한민국을 부정하고 북한을 찬양하고 있었던 것이다. 얼마 전 그가 국회의원 입후보 때 하던 말, 즉 자기 눈을 태극기에 매달라고 유언했다는 연설이 머리에 떠올라 씁쓰레한 표정을 지울 수 없었다.

한국에서 몇 대 국회의원 때부터인지 국회의원 입후보자가 도대체 무엇을 하던 사람인지를 잘 모르는 경우가 많게 되었다. 그러나 오하영 의원을 뽑을 당시 1950년대는 서울의 각 선거구민이 많지 않았기 때문에선지 입후보자는 선거구민의 집을 일일이 방문하여 한 표를 부탁했다. 선거구민들은 자기 선거구의 출마자가 누구인지, 그가 어떤 경력을 갖고 어떤 성품의 소유자인지를 소상히 알고 있었다.

최근에 이르러 국회의원 입후보자가 선거구민들과 접촉하는 기회가 크게 줄어들었다. 국회의원 후보자들이 선거운동을 할 수 있는 시간이 짧아지고, 또 후보자들이 선거구민들에 의해 결정되기보다 당 공천심사위원회에서 결정되므로 구민들의 환심을 미리 사둘 여유가 없기 때문이다. 미국에서는 하원이던 상원이든 그 후보자는 지역구 당원들에 의해서 걸러진다. 즉 지역구의 당원들이 후보를 결정한다. 그러다보니 후보자들이 지역구 구민들과 활발한 접촉을 하지 않을 수가 없다.

최근 우리가 국회의원을 뽑는 잣대는 입후보자 이력과 경륜보다는 자기가 지지하는 당의 후보 여부이다. 즉 국회의원 입후보자를 잘 알고 그를 좋아하기 때문에 뽑는 것이 아니다. 왜냐하면 앞에서 말한 바와 같이 당 공천심사위원회에서 지역구 입후보자를 선정하기 때문이다. 그래서 지역구민들은 당에서 결정한 입후보자를 잘 모르는 경우가 많다. 물론 당 공천심사위원회에서 후보자를 선정할 때 그가 지역구에서 얼마나 인기가 있는가를 도외시하지는 않을 것이다. 왜냐하면 선거구민들이 투표권을 갖고 있기 때문이다. 그러나 저자가 경험한 바에 의하면 반드시 그런 식으로 당에서 결정하지도 않았다. 전혀 생면부지의, 그것도 아주 젊은 입후보자가 당에서 공천을 받기도 했다.

저자의 경험을 이야기해보자. 저자는 국회의원 선거구상으로 볼 때 강남 을구에 속한다. 18대 선거(2008년)때 공성진 한나라당(현 새누리당) 후보가 우리 구에 입후보자로 선정되었다. 나는 그가 입후보자가 되기 전에 그의 이름도 들어보지 못했다. 나중에 선거전단을 보니 그는 한양대 정치학과 교수였고, 경기고교와 연세대를 졸업한 후 미국 클레어몬트 대학에서 정치학 박사를 받았다. 선거구민 중에는 나와 마찬가지로 그와 일면식도 없는 사람들이 많았지만 그는 강남 을구에서 당선되었다. 그가 한나라당에서 공천을 받았기 때문에 무조건 그를 찍었던 것이다.

그는 국회에 입성해 능력을 발휘하기 시작했다. 최고위원에 뽑히는가 하면, 방송에 출연해서도 조리 있게 말하고 박학다식했다. 주민들은 그가 차세대의 리더임을 확신하고 그가 우리 구의 국회의원인 것을 자랑스럽게 여겼다. 그러나 얼마 후 그가 골프장 건설과 관련해 2억 원을 수수했다는 사실이 밝혀지는 놀라운 뉴스를 접하게 되었다. 공 전(前)의원은 피소되어 집행유예의 형을 받았으나 의원직은 상실되었다. 우리 구민은 허탈하기 그지없었다. 대학교수까지 역임하고 잘 나가던 신인정치인이 뇌물을 받고 중도하차 한 사실이 너무 안쓰러웠다. 도대체 어떤 사람들이 우리 국회의원이 되는지 한 번 그들의 이력을 살펴보기로 하자.

1. 국회의원의 연령

제헌국회와 2대 국회의원들의 면모를 살펴보면 그들은 대부분 독립투사였고 나이가 듬직했다. 그러다 어느 때부터인지 갑자기 국회의원의 연령이 젊어지기 시작했다. 우리국회가 난장판을 벌이고 국회의원이 범법을 하는 경우가 늘어나는데 그것이 혹시 우리 국회의원들의 구성요소가 달라져 그런 것인지 모르겠다. 즉 나이가 너무 젊고 직업도 달라서 그런 것은 아닐까? 국회의원이 꼭 경험이 많고 나이가 많아야 한다는 법은 없다. 구태를 일신하고 새로운 질서를 창조하려면 노인정치가보다는 젊고 패기만만한 신인정치가가 필요할지 모른다. 그러나 저자의 편견인지 모르지만, 가끔 30대 초반의 국회의원을 만날 때마다 과연 그가 우리나라를 이끌 만한 경륜을 갖추고 있을지 의심이 간다. 더구나 그가 가진 경력이 1980년대 민주화투쟁 달랑 하나일 때는 불안한 마음을 지울 수가 없다.

1990년대 후반부터 갑자기 우리사회의 분위기가 바뀌어 정계에서 40대 이상의 세대는 이미 구세대로 간주하고 있었다. 물론 요즘 하도 세상이 하루가 다르게 달라지니까 한 달 차이가 나는 것도 세대 차라는 우스개가 나올 정도다. 한때 소위 386세대가 각광을 받았다. 386세대란 30대로서 80년대 학번을 갖고 60년대 출생한 사람을 지칭하는데 이들은 민주화투쟁에 열렬히 가담한 세대들이다. 즉 80년대 전두환 정권에 맞서 데모를 하고 광주민주화혁명 때 한 몫을 하여 드디어 문민정부를 탄생시킨 자랑스러운 세대다. 이들이 16대 국회의원선거 때부터 정치에 입문해 빛을 발하기 시작했다. 그리고 국회를 젊게 만드는 데 공헌했다.

저자는 역대 국회의원들의 연령을 알아보았다. 중앙선거관리위원회에서는 역대 국회의원의 사회인구학적 특성을 분석하여 이를 홈페이지에 수록했다. 지난 15대 국회 때부터의 자료를 수집해 분석했는데, 아래 표1은 연령에 관한 통계로서 저자가 원자료를 다시 편집해 만든 것이다(이 표에서 비례대표 국회의원은 제외했다).

표1. 우리나라 국회의원의 연령분포(%)

국회별(연도)	합계	30-39	40-49	50-59	60-69	+70
제15대(1996-1999)	253	7(2.8)	54(21.3)	142(56.1)	50(19.8)	
제16대(2000-2003)	227	13(5.7)	60(26.4)	87(38.3)	67(29.5)	
제17대(2004-2007)	243	23(9.5)	84(34.6)	97(39.9)	39(16.0)	
제18대(2008-2011)	245	4(1.6)	76(31.8)	119(48.6)	40(16.3)	6(2.4)

표1을 살펴보면 재미있는 결과가 나타난다. 전반적으로 볼 때 60대 연령의 국회의원의 점유율은 점차 줄어들었다. 즉 60대는 16대 국회에서 29.5%를 차지해 제일 높았으나 17대와 18대에 약 13%나 줄어들었다. 이는 50대도 마찬가지다. 50대 국회의원은 15대에서 56.1%로 정점에 올랐으나 연 이은 두 국회에서, 18% 내지 16%가 줄어들었다. 반면 40대는 꾸준히 증가했다. 15대에 이들은 21.3%였으나 이후 두 국회에서 각기 5%와 13%나 증가했다. 이는 30대도 마찬가지다. 18대를 제외하면 30대 국회의원은 15대 때 2.8%에 불과했지만 이후 두 국회에서 각기 2.9%, 6.7%나 증가했다.

이 결과를 놓고 보면 우리 국회가 지난 15대 국회 이후 계속 30대와 40대는 증가한 반면 50대와 60대는 줄곧 줄어들었다. 다만 18대 국회에서는 지난 15~17대 국회에서 보이던 젊음화 현상이 다소 주춤해진 것 같다. 즉 전에는 없었던 70대 국회의원이 당선되었고(2.4%), 30대 국회의원은 1.6%로 지난 4대 선거 중에서 제일 낮았다. 그러나 전반적인 젊음화 현상은 그대로여서 30대와 40대의 높은 비중은 그대로 유지된 반면, 60대는 지난 17대와 18대 선거 중에서 점차 줄어들어 16%대로 낮아졌다.

왜 지난 15대부터 국회에 젊은 국회의원의 비중이 높아지기 시작했는가? 제14대 국회(1991~1995)때부터 386세대가 차츰 정치에 입문하기 시작했기 때문이다. 이어 치러진 대통령선거에서 김영삼이 대통령으로 선출되었다. 후에 자세히 설명하겠지만 김 대통령은 초기에는 부정부패 척결로 국민들의 환호를 받았지만 경제정책 실패와 그의 아들의 비리로 인기가 급전직하했다. 설상가상으로 우리나라는 외환위기(1997년)를 맞이하여 정치가 국민으로부터 크게 불신임 당했다. 기업이 도산하고 실직자가 길거리에 넘쳐나 많은 국민들이 경제파탄을 겪었다. 그래서 국민들이 기존 정치인을 혐오하고 새로운 정치인을 선호하는 풍토가 조성되었다. 이때부터 386세대에 대한 국민들의 지지가 늘어나 이들이 국회에 많이 진출했다.

2002년의 월드컵은 국민의 자부심을 크게 드높인 역사적 사건이었다. 4강 신화를 성취한 원인은 선수와 히딩크 감독의 노력이 컸지만, 매 경기마다 구름 떼처럼 모여 일사분란하게 응원전을 펼친 붉은 악마의 공도 컸었다. 경기장도 그렇지만 서울시청 광장에 모여 '대한민국'을 외친 붉은 악마 집단의 불타오르는 응원은 전 세계의 이목을 집중시켰다. 붉은 악마 집단은 20대의 디지털세대가 주종을 이루었다. 그 이후 디지

털세대는 50~60대의 아날로그 세대를 압도하기 시작하여 곧 우리사회의 주역으로 부상했다. 이러한 사회문화적 변동이 16대 국회의원선거(2000년)와 17대 선거(2004년)에서부터 나타나기 시작하였다. 그래서 앞의 표1에서 보는 바와 같이 한국국회가 젊어지기 시작했다.

그러나 18대 국회(2008년)에서 다시 변화의 조짐이 보이기 시작한다. 18대 국회의원선거는 노무현 정권(2003~2008년)을 심판한 선거였다. 노무현 대통령이 기대와 달리 국정을 제대로 펼치지 못하고 미국과 마찰을 지속하며, 말년에는 자신의 부정으로 식물대통령이 되었다. 그래서 열린우리당에 대한 반작용, 그리고 젊은 386세대에 대한 불신감이 높아져 국회의 젊음화 현상이 다소 주춤해졌다. 그러나 위에서 지적한 바와 같이 18대 국회도 여전히 젊은 국회의원이 다수를 차지하고 있다.

저자가 노년층이라 그런지 몰라도 정치가는 세상을 오래 살아 보고 경험이 풍부한 사람이 좋을 것 같다. 정치란 고도의 지식과 혜지를 필요로 하고 또 남을 설득하는 능력이 필요한 것인데, 그런 능력을 가지려면 많은 사회경험과 인간교류를 해야 한다. 물론 신인정치인도 필요하다. 그러나 신인정치인이 제대로 능력을 발휘하려면 그는 다른 사람보다 몇 배나 더 많은 노력을 쌓고 공부를 해야 한다. 젊은 국회의원이 정열과 패기 하나로 정치를 하다가는 실수를 범하기 쉽고 잘못된 판단을 내리기 쉽다.

그러나 나이에 따라 정치인을 평가하는 것은 바람직하지 못하다. 정치인의 용기, 신념, 도덕성, 그리고 나라사랑이 판단 잣대가 되어야한다. 내가 여기서 지적하고 싶은 것은 현재 우리나라에서 세대 간의 신념, 가치관, 국가관, 인생관에 커다란 차이가 있는데 이런 것이 국회의원 간에서도 발생할 수 있다는 것이다. 국가발전에 필요한 우리의 신념, 가치관, 국가관이 무엇인지를 우리가 깊이 성찰해야할 것이다.

우리나라 세대 간의 정치적 이념과 가치관에 커다란 차이가 있는 것은 최근 선거에서 이미 밝혀진 사실이다. 2011년에 치러진 서울시장 신임투표와 서울시장 재선거 결과를 보면 50~60대는 보수 지지층으로 오세훈 시장을 지지했다. 그러나 20~30대는 개혁 또는 좌익지지층이 많아 오세훈을 불신임 투표했다. 그래서 오세훈은 선거공약대로 잔여임기를 사임하였고 선거를 다시 했다. 한나라당의 나경원 후보와 시민운동가 박원순 후보가 경합했다. 그러나 보수 지지층이 개혁이나 좌파 지지층에 비해 열세였기 때문에 나경원 후보가 탈락하고 박원순 후보가 서울시장에 당선되었다. 물론 이외에 한나라당에 대한 불만, 경기불황, 높은 실업률이 한나라당 후보보다는 박원순을 지지하는 동인(動因)이 되었을 것이다.

2. 국회의원의 학력

우리나라 국회의원의 학력수준은 어떤가? 우리 국회의원들이 촌스럽게 추태를 부리는 원인은 그들의 학력수준이 낮아서 그런 것은 아닐까? 앞에서 언급했지만 박정희정권 때 삼성의 사카린 밀수사건과 박 정권의 독재정치에 불만을 품은 김두한 국회의원이 분뇨통을 국회 본회의장에 투척한 사건이 발생했다. 주지하는 바와 같이 김두한 의원은 국민으로부터 존경을 받는 독립군 김좌진 장군의 아들이었지만 제대로 교육을 받지 못했다. 그의 학력은 초등학교가 전부였다.

17대와 18대 국회의원을 역임한 민노당의 강기갑 의원은 민주당과

국회에서 집단투쟁을 벌이고 국회사무총장실에서 기물을 부수고 공중
부양과 같은 발길질을 해 유명해졌다. 그 난장판을 벌인 강기갑 의원은
농고출신이었다. 2011년 한미 FTA조약이 한나라당에 의해 단독처리 되
자 이에 항거한 민노당의 김선동 의원은 최루탄을 국회본회의장 단상
앞에서 터트렸다. 그의 학력은 무엇인가? 그는 고려대 물리학과를 중퇴
한 전형적인 386세대였다. 즉 1967년 출생으로서 1990년대 말에 30세
였으며 80년대 학번이었다.

이제 본격적으로 한국 국회의원의 학력을 살펴보자. 표2에는 지난 3
대에 걸친 한국국회의원의 학력이 집계되어있다. 이 자료 역시 중앙선
거관리위원회의 홈페이지에 수록된 자료를 저자가 편집한 것이다. 그
런데 이상하게도 18대 국회의원의 학력은 나와 있지 않아 3대에 걸친
자료만 모았다.

표2. 우리나라 국회의원의 학력(%)

국회	국회의원 수	대졸 이상
제17대	243	238(97.9)
제16대	227	210(92.5)
제15대	253	229(90.5)

표2를 보면 어느 국회였던지 간에 우리나라 국회의원의 학력은 90%
이상이 대졸 및 그 이상(대학원 졸)이다. 앞에서 국회에서 추태를 보이
거나 난동을 부린 국회의원 3명은 각기 2명이 초등학교 졸업자이고 한
명은 대학 중퇴자였다. 그래서 학력이 낮은 국회의원들이 이런 추태를
보인다고 생각할 수 있다. 그러나 그것은 잘못된 판단이다. 노무현 대

통령 탄핵을 결의하던 제17대 국회에서 회의장을 부수고 난입한 열린 우리당의 대부분은 대졸자였고, 이는 한미 FTA조약에 반대해 국회에서 난장판을 벌일 때에도 마찬가지였다. 즉 이때도 최루탄을 던진 김선동 의원과 합세해 의사진행을 방해하고 구호를 외치며 난장판을 벌인 민 주당과 민노당 국회의원 대부분 역시 대졸 학력을 소지한 국회의원들 이었다.

따라서 국회에서의 난장판, 추태는 국회의원들의 학력수준과 관련이 있을 것이라는 우리의 생각은 맞지 않는다. 물론 대학교육을 어떻게 받 았고 어느 대학을 졸업했는지가 문제이지만, 일단 학력은 국회에서의 폭력이나 난장판과는 별 상관이 없다고 판단할 수 있다.

3. 국회의원의 직업

어떤 사람이 국회의원으로 출마하는가? 김영삼 전 대통령은 중학생 때부터 정계에 입문하려는 꿈을 꾸었다고 한다. 그래서 그는 대학을 졸 업하자마자 정계에 입문하고 40대 기수로 활약했다.

제헌국회나 2대 국회의원들의 경우는 앞에서 언급했지만 독립운동 가 출신들이 많았다. 이들은 젊어서부터 나라의 독립을 위해 몸을 바친 사람들이고 따라서 이들이 해방과 더불어 정계에 입문하는 것은 극히 당연한 일이다. 이들은 타고난 독립운동가이자 정치인이었다.

그러나 대부분의 국회의원은 처음부터 정치가로 나서기로 작정하기 보다는 다른 직업에서 경력을 쌓다가 정계로 입문할 것이다. 왜냐하면 국회의원이 되려면 어느 정도 경륜을 쌓아야하기 때문이다. 선거 직전 정권에서 국무위원이었던 사람이나 청와대 비서를 역임한 사람들이 다음 국회선거 시 본격적으로 정치가로 변신하는 경우가 많다.

한국국회의원들이 어떤 경로로 국회의원이 되는가를 알아보기 위해 그들의 전(前) 직업을 조사해보기로 했다. 중앙선거관리위원회에서 지난 3대에 걸쳐 국회위원들의 직업을 분류해 놓은 것이 있다. 이상하게도 18대 국회의원의 직업은 발표되지 않았다. 저자가 이 자료를 정리한 것이 표3에 제시되어있다.

표3. 우리나라 국회의원의 직업(전)별 분포(%)

	국회의원	정치인	상업	광공업	건설업	언론	약 · 의사
17대(243)	88(36.2)	81(33.3)	1(0.4)	0	1(0.4)	1(0.4)	2(0.8)
16대(227)	118(52.0)	71(31.3)	2(0.9)	2(0.9)	0	1(0.4)	1(0.4)
15대(253)	112(44.2)	86(34.0)	3(1.2)	1(0.4)	0	0	8(3.2)
	변호사	회사원	교육자	정보통신업	출판	무직	기타
17대(243)	28(11.5)	2(0.8)	18(7.4)	0	0	0	21(8.6)
16대(227)	19(8.4)	0	3(1.3)	1(0.4)	0	0	9(4.0)
15대(253)	21(8.3)	0	5(2.0)	1(0.4)	2(0.8)	2(0.8)	12(4.7)

표3을 보면 국회의원의 직업 중 전직 '국회의원'이 어느 국회에서든 제일 높다. 이들은 재당선된 의원을 말한다. 지난 3대에 걸친 국회에서 국회의원의 재당선율이 제일 높았던 시기는 16대 국회였다(52.0%). 그리고 재당선율은 17대 국회에 와서는 최하위로 떨어졌지만 아직도 높은 편으로 국회의원 전체의 3분의 1을 초과했다(36.2%). 그 다음으로 높은 전직은 '정치인'이다. 이 '정치인' 중에는 이전(以前) 국회의원과 앞에서 말한 바와 같이 정권에서 요직을 지낸 사람들이 많이 포함되었을 것이다. 이들의 비중 역시 높아 어느 국회에서든지 30% 이상을 점한

다. 따라서 국회의원의 전직은 재당선자인 '전 국회의원'과 '정치인'(이전 국회의원 포함), 이 두 직종이 어느 국회에서든 간에 69.5% 이상을 점한다. 이 두 직종의 국회의원이 제일 많았던 시기는 16대 국회로서 83.3%였고, 제일 낮은 시기는 17대 국회로서 69.5%였다.

세 번째로 높은 직종은 '변호사'이다. 이 직종은 지난 3대 국회에서 8.3% 이상을 점했다. 제일 높은 점유율은 17대로서 11.5%였으며 지난 15대 국회이래 꾸준히 증가세를 이이오고 있다. 네 번째로 많은 직종은 '교육자'이다. 이 직종은 15대 국회에서 2.0%에 불과했지만 17대 국회에서 7.4%로 껑충 뛰어 올랐다. 다섯 번째는 '약·의사'로 이 직종은 15대 때 3.2%나 점해 약진했지만 이은 선거에서는 점차 줄어들어 16대에서는 0.4%, 17대에서는 0.8%로 떨어졌다.

이렇게 위에 적은 네 가지 직종이 우리나라 국회의원의 거의 전부를 점한다. 국회의원의 전 직업이 무엇인가는 국회에서 제정될 법안에 많은 영향을 미친다. 앞에서 '약·의사'가 비록 많아보았자 3.2%(15대 국회)에 불과했지만 이들이 약사법개정에 미친 영향은 막강했다. 일반적으로 의사보다는 약사출신의 국회의원이 많았고, 그래서 '의사와 약사 간의 분업', '가정상비약 슈퍼 판매'와 같은 법안심의에 약사에게 유리한 법안이 통과되는 경우가 많았다. 어느 직종에서 국회위원 한 사람만 배출하더라도 그 사람이 자기 전직에 유리한 법안을 상정할 수 있다는 점에서 그의 역할은 막대하다. 그러므로 우리나라 전체의 발전을 위해서는 국회가 여러 가지 직종의 대표로 구성되는 것이 바람직하다.

현 우리나라 국회에서처럼 어느 몇 가지 직종이 주류를 이루는 것은 국가발전에 걸림돌이 될 수 있다. 그런 의미에서 우리는 최근 늘어가고 있는 '변호사' 직군의 국회의원 증가세를 눈여겨보고 그에 따른 효과를 찬찬히 살펴보아야한다. 최근 국무회의에서 대기업에서 변호사를 한 명씩 전담 배치하는 '법무담당관·준법지원인제도'안이 통과되었는데 이것은 율사들의 비중이 한국정치에서 차지하는 비중이 커진 것을 반영한 것이라 생각된다.

국회는 국민을 대변하는 곳이어야 한다. 그러려면 소수의 직군이 국회를 점령하기보다는 여러 직군의 출신들이 포진하는 것이 바람직하다. 앞으로 우리나라 국회가 어떤 모습으로 바뀌어야 하는가 하는 문제는 제2장에서 다시 논의할 것이다.

2장

한국국회의 문제점

앞에서 우리국민이 국회에 실망하고 불신한다고 지적했다. 이제 그렇게 된 원인을 살펴보자. 우선 국민은 국회가 항상 여야 간에 치열한 싸움을 벌이는 것에 화가 난다. 그리고 국회의원이 국정의 문제를 국회에서 해결하지 않고 거리로 뛰쳐나와 국민을 선동하는 꼴에 넌덜머리가 난다. 야당이 수적으로 열세여서 어쩔 수 없다고 주장하지만 이는 법을 책임지는 국회의원이 할 말이 아니다. 국회의원은 국민이 선출했으므로 다수당의 결정을 소수당이 따라야하는 것은 당연하다. 그리고 수적 열세를 난투극, 그리고 기물파괴행위로 만회하려는 것은 다른 나라의 국회에서는 볼 수 없는 창피한 광경이다. 또 국회의원들이 길거리에서 데모를 하는 것은 국민들과 수많은 관광객에게 불안감을 안겨준다.

우리나라가 과거 이승만, 박정희, 그리고 전두환 정권에서처럼 다수당이 여당인 때는 소수 야당의 저돌적 행동이나 과격한 반대운동은 국민으로부터 공감을 살 수 있었다. 그 때의 정부는 부정선거를 했거나 민주선거를 통해 설립한 문민정부가 아니었기 때문이다. 그러나 1987년 6·29민주화 선언으로 우리나라에서 국민이 대통령을 직접 뽑는 직접선거가 가능해졌다. 노태우 정권 이후 역대 대통령은 공정한 투표로 선출되었다. 따라서 민의가 대변된 정부였다. 이는 국회도 마찬가지다. 박정권 때 유신국회의원이 있었지만 1981년 이후 국회는 국민의 손으로 공정하게 뽑은 의원으로 구성되었다. 그럼에도 불구하고 야당이 소수가 된 경우, 수적 열세를 물리적 힘으로 제어하려는 행동을 보인 국회는 더 이상 국민의 지지를 받을 수 없다. 이제 우리의 민도는 선진국에 도달했다. 그래서 소수 야당이 사사건건 다수 여당을 무력화하려는 행동을 취하는 것은 국민으로부터 지탄을 받을 수밖에 없다.

미국은 여야가 국정문제로 심각하게 대립하다가도 마지막 결정은 국회 상하원 회의에서 투표로 결정한다. 한미 FTA협약은 민주당에서 반대했고, 이는 오바마 대통령 후보도 마찬가지였다. 그러나 그가 대통령으로 당선되고 이 협약의 필요성을 인식하고 협정을 추진하였다. 그 결과 국회 상하원에서 압도적인 표로 가결되었다. 야당인 공화당도 이 협약을 찬성했음은 물론이다. 그러나 한국에서는 전혀 상반된 결과로 나타났다.

주지하는 바와 같이 한미 FTA협약은 노무현 대통령이 시도한 것이다. 그러나 미국에서 이 협약의 조기 체결이 어려워질 것 같자 이 문제는 이명박 정권으로 이첩되었다. 이명박 대통령이 국회에서 이를 비준

해주기를 바랬지만 민주통합당에서 이를 적극 반대했다. 알다시피 노무현 대통령은 민주통합당의 원조인 열린우리당의 총재였다. 당시 이를 적극 찬성하던 정동영 의원을 비롯한 현재 민주통합당 중진 모두가 이 법안을 반대하고 있다. 기자들이 왜 변심을 했는가하고 물었더니 그 법안에 관해 잘 몰랐다고 구차한 변명을 하였다. 아직까지도 민주통합당은 한미 FTA협약이 국회에서 비준되었지만 이를 날치기통과라고 무효투쟁을 벌이고 있디.

우리나라에서는 법을 위반하거나 윤리적인 문제를 일으키는 국회의원을 국회에서 스스로 정화하는 능력이 부족하다. 국회에 국회윤리특별위원회가 있어서 문제를 일으킨 국회의원을 처벌할 수 있게 되어 있다. 그러나 이 윤리위원회가 제대로 작동되지 않는다. 조순형 의원(2003)이 정치개혁 심포지엄에서 밝힌 사실이 이를 증명한다. 그는 15대와 16대 국회윤리특별위원회에서 처리한 안건을 조사했더니 윤리심사가 14건이고, 징계에 관한 것이 각각 56건, 70건이었다고 한다. 그런데 이 중에서 가결된 것은 단 1건이었다. 조의원은 우리국회가 동료의 불법과 불륜을 처벌하는데 너무 인색하다고 반성하고 있다.

그는 국회상임위원회가 특별위원회를 포함해 19개인데, 이 중 윤리위원회는 제일 힘없는 사람에게 억지로 배당하는 유명무실한 위원회라고 꼬집는다. 그러면서 일본처럼 국회의원을 자정하기 위해서는 윤리위원회의 구성을 최다선 의원으로, 그리고 경륜을 갖춘 의원으로 구성해야한다고 주장한다. 국회가 스스로 자정능력을 키우지 않는 한 우리 국민들의 국회의원에 대한 불신과 비하는 쉽게 가라앉지 않을 것이다.

국회 본연의 위치는 필요한 법안을 많이 만드는 것이다. 세상이 빠르게 바뀌고 전 세계가 지구촌화함에 따라 국익을 위해, 그리고 민생을 위해 시급히 만들어야할 법이 산적해 있다. 그러나 국회는 다음 선거에서 이기기 위해 여야가 서로 발목을 잡아 본연의 임무를 망각하고 있다.

국회의원의 수도 줄여야한다. 우리나라는 일본이나 영국보다도 나라가 작은데도 불구하고 면적상으로 따진 국회의원 수는 더 많다. 우리가 조만간 통일이 된다고 볼 때 북한의 국회의원도 포함시켜야 하는데, 현재의 추세로 본다면 우리는 세계에서 땅은 좁되 국회의원은 제일 많은 나라가 될 것이다. 한국 국회의원들은 국회의원직을 마치고 나면 국회의원 퇴직자 모임 비슷한 곳으로부터 매달 120만원씩 수당을 받는다. 비록 그 액수가 많지는 않다고 치더라도 퇴직 후 죽을 때까지 전직 국회의원이 수당을 받는 곳은 전 세계에서 대한민국 하나뿐이다. 물론 이 예산은 국민의 세금에서 마련된다.

국회의원의 공천제도를 바꾸어야한다. 지금은 당 공천심사위원회에서 국회의원후보를 심사한다. 그러다보니 지역구 주민들이 전혀 알 수 없거나 못마땅한 인물이 공천되는 경우가 많다. 한 때는 당 총재가 공천권을 갖고 공천 장사를 했다. 즉 돈을 많이 싸들고 오는 국회의원 입후보자에게 공천권을 안겨주었다. 그 당 총재는 현금이 재벌만큼 많았다는 풍문이 돌고 있다.

한 때는 유명한 영화배우, 아나운서가 국회의원으로 선출되기도 했다. 왜 당에서 이들을 선출했을까? 국민들이 국회의원에 대해 관심이 없으니까 국민들이 잘 아는 인물을 선정하면 당선되기가 쉽기 때문이다. 물론 미국에서도 레이건 같은 배우가 지사가 되고 대통령으로 당선되고 역대 대통령 중 우수한 대통령으로 회자된 경우가 있다. 그러나 레이건은 식견이 풍부하고 남을 설득하는 능력이 탁월한 배우였다. 그래서 그를 선택한 미국민의 결정은 올바른 것이었다. 그러나 한국의 경우 유명 배우, 아나운서 출신들이 국회의원이 되거나 정치가로 나서서 빛을 발한 경우는 드물다. 이들은 능력에 한계가 있어 선거용으로 이용되고 소모품으로 전락한 경우가 많았다. 어떤 경우는 뇌물을 받거나 좌익 편향으로 기울어져 국민들의 지탄을 받았다.

현재 야 13일간이라는 법정 선거운동기간은 지금보다는 좀 더 늘려야한다(예비후보자는 선거 120일 전부터 가능함). 금품제공 등의 부작용을 막기 위해 선거운동기간을 짧게 잡아 놓아 국회의원 입후보자와 선거구민과의 접촉이 부실하다. 그래서 앞에서 저자가 언급한 것처럼 무조건 당을 보고 국회의원을 선출하는 기현상이 벌어진다.

국민은 어떤 국회의원을 뽑아야하는가? 지역주민을 위해 열심히 일하는 사람을 뽑는 것은 탓할 수 없다. 예컨대 지역발전을 위해 많은 예산을 따올 수 있고, 지역발전을 위한 프로젝트를 많이 유치하거나 창안할 수 있는 사람이 국회의원으로 당선되는 것은 당연하다. 그러나 우리는 자기 구의 국회의원이 지역만이 아닌 국가발전에 도움이 될 수 있는 인재인가를 면밀히 따져보아야 한다. 한나라당, 통합민주당, 그리고 자유선진당이 각기 경상도, 전라도, 충청도에서 많은 국회의원을 배출하고 있다. 그래서 우리나라 당은 지역당이라는 오명을 받기도 한다. 그러나 우리나라가 한 단계 더 도약하려면 지역당을 고수해서는 안 된다. 큰 안목을 가진 큰 인재를 국회에 보내야한다. 그러기 위해서는 국회의원 자질을 예리하게 분석해야한다.

저자는 국회의원 후보의 경력을 유심히 살펴보아야한다고 주장한다. 현대와 같은 복잡다단한 사회에서 지도자는 많은 지식과 지혜를 겸비해야한다. 후보자가 다음과 같은 인물이면 좋을 것이다.

그는 학교에서 열심히 공부했고 학생회와 봉사활동에도 참여했다. 운동 특히 단체운동, 예컨대 축구, 야구, 배구 같은 것을 즐겼다. 군대를 필했으며 대학에서도 자기 전공을 열심히 공부했다. 졸업 후에는 취업을 했고 관리자로 경험을 쌓은 적이 있다. 그러다 어떤 계기로 정계에 투신하기로 결심했다.

더불어 국회의원 후보는 정치인으로 소신과 신념을 지니고 있어야한다. 구체적으로 말하면 다음 선거에서 핫 이슈가 될 복지정책에 대한 자신의 견해를 밝혀야한다. 특히 그는 자기의 경제체제에 대한 신념을 표명해야한다. 자신이 신봉하는 것이 자유시장 경제인지 아니면 사회주의 경제체제인지를 뚜렷이 천명해야한다. 그리고 학교 교육문제, 남북관계에 관해서도 자기의 입장을 밝혀야한다. 간단하게 말하면 자기의 정치노선이 진보, 좌익 쪽인지 아니면 중도보수와 우파인지를 분명히 해야 한다.

선거에 당선하기 위해 자기의 신념과 소신을 숨기고 나중에 입장을 바꾸면 안 된다. 우리는 대통령 후보가 자기가 소속한 정당에서 대통령 후보로 지명될 가능성이 희박하자 탈당하여 다른 당으로 입당하는 경우를 네댓 명이나 보았다. 배신을 대수롭지 않게 생각하는 그런 지도자를 선출해서는 안 된다. 지도자는 모름지기 거짓말을 해서는 안 된다. 진실은 지도자가 목숨을 걸고 지켜야할 덕목이다. 거짓말을 부도덕하게 생각하지 않는 지도자는 부정도 부패도 떡 먹듯이 자행할 사람이기 때문이다.

입후보자가 언제 어떻게 공부했는가도 알아볼 필요가 있다. 1980년대 우리 학교교정은 그야말로 소용돌이였다. 최루탄이 난무하고 데모 학생이 옥상에서 투신하고 수많은 학생들이 교도소에 수감되었다. 당시 교수들이 해야 할 하나의 책무는 교도소에 수감된 학생들을 만나 지도하는 것이었다. 교수가 교도관 역할까지 담당해야 하는 불행한 시절이었다. 386세대 중 데모에 참가하지 않은 학생들은 데모 주동자에게 항상 죄책감을 지고 살았다. 데모에 동승하지 않고 공부만하다 성공한 386세대는 좌익 386세대에 부채감과 연민을 안고 산다.

　과거 한국정치의 불행한 희생자는 데모 주동자만이 아니다. 데모를 지켜보던 방관자도 일종의 희생자다. 386세대는 어찌 보면 불행한 세대다. 물론 그들이 전두환 정권 때 민주화운동에 적극 가담해 문민정부를 탄생한 공로는 크다. 그러나 전부는 아니지만 많은 386세대들은 학업에 충실하지 않았다. 전두환 정권이 학교를 폐교한 적도 있기 때문이다. 그래서 어떤 해에는 수업을 한 시간하고 석 달 동안 수업을 못하다 학기말이 닥쳐와 기말시험을 본적도 있었다. 데모가 사흘이 멀다 하고 터지기 때문에 수업을 제대로 하지 못해 그들은 공부 할 시간도 실력을 쌓을 겨를도 없었다.

　요즈음 우리대학생은 데모가 많았던 386세대와 많이 다르다. 교수가 휴강을 하더라도 보충수업을 하지 않으면 오히려 학생들로부터 빈축을 산다. 그만큼 현재 대학교의 수업분위기는 정상화했다. 공부를 열심히 하는 것은 많은 지식을 쌓는 것 이외에 착실한 습관을 기르게 만든다. 그래서 정상적인 대학교육은 지도자가 되는데 필요한 중요한 지식, 태도, 신념을 제공해준다.

마지막으로 국회의 대의(代議)정치 문제를 논하고자 한다. 앞에서 저자는 국회의원의 직업을 분석하면서 우리나라 국회의원이 단지 다섯 종류의 직업군으로 집약된다고 보고했다. 그리고 이러한 국회는 국민을 대변하기 힘든 불균형 국회라고 말했다. 이와 관련해 『제3의 물결』을 저술한 앨빈 토플러(1989)의 진술이 기억난다. 그는 현재 지구상 모든 나라의 국회가 각 나라의 민의를 반영하지 못한다고 주장한다. 과거 각 선거구의 주민 수가 적고 그들의 직업이 그렇게 다양하지 않았던 시대에는 그런대로 지역구의 국회의원이 구민의 대변자가 될 수 있었다.

그러나 현재는 각 지역구 주민 수가 너무 많고 그들의 직업마저 다양해 아무리 유능한 국회의원이라도 구민의 의사를 충분히 대변할 수가 없다는 것이다. 그래서 토플러는 국회를 비례대표제로 구성하자고 주장한다. 그 비례대표제는 여러 종류의 인종, 연령 층, 그리고 직업군의 대표를 망라한 것이다. 이상적인 국회에는 청소년층에서 뽑은 대표가 있고 학계에서 뽑힌 대표, 그리고 여러 종류의 직업 예컨대 광업, 수산업, 서비스업에서 선발한 국회의원이 있다. 그러나 이런 제도를 마련하려면 새로 법을 제정해야하고 그것이 정착되려면 긴 세월이 필요할 것이다.

따라서 현재의 국회의원 선출제도는 그대로 존속될 수밖에 없는데 이런 국회의 불균형을 시정하기 위해 국민들이 지혜를 모아야한다. 즉 국민들이 어느 한 직종의 국회의원 출신이 국회에 대량 선출되는 것을 방지하기 위해 공동노력을 해야 한다. 최소한 각 직업군이 한 명의 국회의원을 배출하도록 돕는 것도 한 대안이 될 수 있을 것이다. 나는 심리학자이다. 그래서 국회에 심리학과 출신의 국회의원이 한 명 탄생하기를 염원한다. 그는 왕따 문제, 국민정신건강, 국민의 행복증진을 위한 여러 가지 법안을 입안하고 통과시키는데 전력을 다 할 것이다. 나는 또한 노년층으로서 80세 노인도 국회의원으로 당선되어야한다고 생각한다. 앞으로 우리나라는 고령화 사회가 될 수밖에 없다. 그런 사회에서 노인들이 편하게 생을 마감할 수 있도록 노인 국회의원이 필요한 법안을 제안하고 입법화해야 한다.

마지막으로 2011년 12월 29일자 〈동아일보〉에 실린 사설 '국회의원 200개 특권 버려야'를 이곳에 옮기면서 이 장(章)을 끝내고자 한다.

"국회의원 배지를 달면 특권이 200여 개 생긴다. 각종 수당을 합쳐 국회의원 한 명당 월평균 1000만 원, 연간 1억2000만 원 정도를 받는다. 장관급 대우를 받으며 국유(國有) 철도와 선박, 항공기는 공짜로 이용한다. 비행기는 비즈니스석이 배정된다. 국회의원 1명의 의정활동을 지원하기 위해 보좌진 7명을 채용하고 인턴직원도 두 명 둘 수 있다. 박근혜 한나라당 비상대책위원회가 첫 회의를 열어 국회의원의 회기 중 불체포 특권을 포기하겠다고 선언했다. 헌법에 명시된 불체포 특권은 과거 독재시대에 국회의 자율성을 보장할 목적으로 마련한 것이지만 최근에는 비리 의원이 검찰 수사를 피하려는 방패로 남용되고 있다. 모든 국민은 법 앞에 평등하다는 명제가 무색하다. 국회의원의 면책특권도 요즘 상대 정파를 근거 없이 비방하고 흠집 내기 위한 수단으로 악용된다. 의원이 국회에서 직무상 행한 발언에 대해 민·형사상 책임을 묻지 않음으로써 국정의 문제점을 자유롭게 질의할 수 있도록 한 취지가 무색해졌다. 프랑스에서는 국회 또는 의장을 모욕하거나 대통령 총리 국무위원을 협박했을 때 의원을 징계할 수 있다. 독일에선 의원의 직무수행 발언이라도 타인의 명예를 훼손했다면 의원 자격을 박탈하도록 돼 있다. 우리도 해당 조항을 엄격히 해석해 면책특권 남용을 제한하는 방안을 강구해야 할 것이다. 국회가 올해부터 65세 이상 전직 국회의원에게 품위 유지 명목으로 매달 120만 원씩 '종신연금'을 주도록 결정한 것도 후안무치하다. '종신연금'은 국회의원 재직기간이 1년 미만이거나 금고 이상 유죄 확정판결을 받은 사람도 지급 대상이다. 일반 국민이 이 정도 연금을 받으려면 30년 동안 매달 30만 원씩 국민연금을 부어야 한다. 여야가 정쟁(政爭)으로 허송세월하다가도 세비나 이런 지원금 인상에는 뜻이 맞으니 국민이 기성 정치권을 외면하는 '안철수 현상'이 하등 이상할 게 없다. 헌법에 명시된 예산안 처리 기한(12월 2일)을 어긴 지 2003년 이후 연속 9년째다. 특권을 누리면서도 의무를 내팽개쳐 놓고 의원 누구도 '부끄럽다'며 자책하지 않는다. 의원들만 즐거운 '당신들의 천국'에 국민의 정치 환멸이 커지고 있다. 기성 정치권이 살아남으려면 도가 지나친 특권부터 버려야한다."

어떤 국회의원을 뽑아야하는가

이 원고를 쓰는 시점(2012년 1월)에서 보면 총선은 석 달 반 정도 남았고 대선은 아홉 달 반 정도 남았다. 그런데 이번 선거는 그 어느 때 선거보다 혼전이 예상된다. 그 이유는 최근 집권 여당인 한나라당이 붕괴 직전에 있기 때문이다. 앞에서 지적했지만 한나라당은 당 중진의 잇단 부정과, 지난 2008년 전당대회에서의 돈 봉투 사건으로 인기가 추락하고 있다. 또한 설상가상으로 복지문제로 당의 정체성이 흔들린다.

지금까지 한나라당이 지켜온 '보수'의 정체성을 지워버리자는 젊은 한나라당 국회의원이 생겨나 국민들을 아연케 한다. 이는 통합민주당도 마찬가지다. 어렵사리 범야권으로 통합했지만 주도권을 놓고 계파 간의 갈등이 심화되고, 이 당 역시 전당대회 때의 돈봉투 사건에 휘말리고 있다. 그래서 한나라당에서는 탈당을 하고 무소속으로 출마하려는 사람이 점차 늘어나며 이런 현상은 통합민주당도 마찬가지다.

자, 그러면 우리 투표권자들은 당장 눈앞에 닥친 총선 시에 대공황에 빠진다. 앞서 말했지만 과거 우리는 입후보자의 이력이 아닌 어느 당 후보자냐에 따라 투표를 해왔다.

그런데 이제 한나라당의 정체성이 모호해지고 게다가 무소속 입후보자가 난립하게 된다. 그러므로 이제는 과거와 달리 입후보자의 당이 아니라 그의 경력과 인품을 따져보고 선택해야한다. 그러면 구체적으로 우리는 입후보자의 어떤 면을 살펴보아야하는가? 아쉽게도 중앙선거관리위원회에서 제공하는 입후보자의 경력은 기껏해야 나이, 학력, 직업, 경력뿐이다.

이것도 중요한 자료이긴 하지만 우리는 입후보자가 살아온 과정, 정치에 투신하게 된 배경, 그의 인품 더 자세히 말하면 근면성, 성실성, 그리고 신뢰성을 알고 싶다. 더 나아가 그의 정치적, 경제적 신념을 알아두어야 한다. 그래서 우리는 중앙선거관리위원회에서 제공하는 정보 이외에 그에 관한 여러 가지 정보를 입수할 필요가 있다. 요즘 인터넷 덕으로 우리가 조금만 노력하면 입후보자의 여러 가지 신상정보를 모아볼 수 있다. 그러나 트위터나 SNS에 악성 유머가 끼어든 것이 있으므로 정보선택에 신중을 기해야한다.

이제 우리가 조사해야할 국회의원 입후보자에 대한 정보를 논의해보기로 하자. 저자가 주관적이지만 훌륭한 국회의원이 꼭 갖추어야한다고 생각하는 인품과 자질, 그리고 신념에 관 한 구체적인 내용(우리가 수집할 정보 내용)은 다음과 같다.

1. 학력

학력은 최소한 고등학교 이상의 학력자이어야 한다. 대학에서 열심히 공부한 사람이면 더욱 좋다. 고등학교나 대학에서 아주 성적이 나빴거나 문제 학생이었다면 그는 국회의원이 될 자격을 상실한 사람이다. 예컨대 학교에서 무기정학, 퇴학 등의 조치를 받은 사람은 제외해야한다. 학교재학 시 학업 외 활동, 예컨대 학생서클과 봉사활동 등에 열심히 가담한 사람이면 좋다.

2. 경력

직업을 가졌던 사람이면 좋다. 그리고 그 직업에서 관리자의 경력을 가졌었다면 더욱 좋다. 직업생활도 1, 2년이 아닌 몇 십 년을 꾸준히 한 사람이고 최소한 과장 이상이면 좋다. 관리자의 경력은 리더가 되는데 큰 도움이 된다. 자영업을 한 사람이라도 좋다. 그러나 자영업에서도 성공을 한 사람이면 좋지만 실패의 경험을 성공으로 이끈 사람이면 더욱 좋다. 군대는 꼭 필했어야한다. 만일 군 면제자나 방위를 필한 사람이라면 그가 그런 면책사유에 해당하는 사람인가를 면밀히 조사해야한다.

범죄경력 여부를 꼭 알아봐야한다. 우리나라에서는 정치거물에게는 사면복권하는 경우가 많다. 그러나 이것은 잘못된 복권이다. 재판에서 실형을 선고받은 사람은 복권이 되었다하더라도 범죄경력이 있는 사람이고, 그런 사람은 일단 후보자의 리스트에서는 제외해야한다. 사소한 범죄라도 저지른 경력이 있다면 그는 국회의원직에 적합한 사람은 아니다.

3. 인품

인품은 리더에게 가장 중요한 덕목이다. 그러나 우리가 이를 알아보는 것이 쉽지가 않다. 그래서 여러 가지 간접적인 자료를 검토해야한다. 이 자료를 얻는 것이 쉽지는 않지만 열심히 노력하면 불가능하지도 않다. 이제 어떤 내용의 인품을 어떻게 알아볼지에 관해서 논의해보자.

(1)원만한 가정 출신과 원만한 가정 영위자

훌륭한 부모 밑에서 훌륭한 자식이 태어난다. 그러므로 입후보자의 부모가 어떤 사람이었는가를 알아봐야한다. 부모가 꼭 높은 학력, 경제력, 사회상층일 필요는 없다. 비록 무학의 경제력이 없는 부모라 하더라도 성실하고 근면한 부모라면 훌륭한 부모다. 주벽이 심하거나 아동학대자였던 부모, 그리고 부모가 불화했다면 일단 그런 부모 밑에서 성장한 자녀는 리더십상에 문제가 생겼을 수 있다.

입후보자가 가능하면 결혼하고 아이도 키워본 사람이면 좋다. 결혼생활을 원만하게 영위하고 자녀도 훌륭히 키울 수 있는 사람은 남을 아끼고 사랑할 수 있다. 또 우리정치가 목표로 해야 할 국민의 교육, 건강, 행복, 그리고 가정보호에 관심이 많고 그것을 위해 열심히 노력할 사람이다.

(2)신뢰성

신뢰는 리더가 갖추어야할 필수요인이다. 그 사람이 믿음직스러운가의 여부는 판단하기가 쉽지 않다. 정치인의 신뢰성의 한 지표는 그가 정당 활동을 믿음직스럽게 하는가의 여부다. 앞에서도 말했지만 탈당을 하고 다른 당으로 이적한 사람의 경우는 일단 신뢰성의 문제가 있는 사람이다. 그리고 그가 말을 자주 바꾸는가도 잘 살펴보아야한다. 저자는 어느 때 노무현 대통령이 기자와의 간담회에서 "사람이 상황에 따라 말을 바꿀 수 있다"는 이야기를 하는 것을 듣고 놀란 적이 있다. 상황이 바뀌었다고 해서 진실을 호도한다는 것은 있을 수 없는 일이고 특히 리더가 할 일은 아니다. 우리가 전직 정치인들이 말 바꾼 적이 있는가를 찾는 일은 불가능하지 않다. 여러 종류의 매스 미디어나 인터넷 검색으로 조사가 가능하다.

(3)신념

정치가는 확고한 신념이 있어야한다. 제일 중요한 신념은 나라의 발전을 위해 봉사한다는 신념이다. 자신의 영달이나 가문의 영광을 위해 정계에 투신하는 사람을 우리는 견제해야하는데 사실 이를 가리는 것은 쉽지 않다. 애국심과 같은 것은 일반적이고 거창한 신념이라서 잘 파악할 수 없다. 그래서 우리는 좀 더 구체적이고 실질적인 신념을 살펴보아야한다. 그런데 이 신념은 투표권자 각자마다 선호하는 것이 다를 수 있다. 그러므로 여기서는 입후보자가 어떤 내용의 신념을 가져야한다고 일률적으로 말하기는 쉽지 않다. 다만 큰 틀에서 그 신념이 우리나라가 처한 현 상황에서 바람직한 것인가의 여부를 따져 볼 수밖에 없다.

우선 우리나라의 여건상 좌익사상이나 종북 사상을 가진 사람은 제외되어야한다. 만일 입후보자가 천안함 사건, 연평도 사건을 우리가 북한을 자극한 결과라든가, 북한에게 경제적 원조를 소홀히 한 것으로 해설한다던가, 북한의 사회주의체제를 옹호하고 김정은 체제를 지지한다면 그는 좌익과 종북 사상을 가진 사람이다. 그러나 대부분의 입후보자가 정치적 신념에서 자기의 입장을 명확히 하지 않는 수가 많다. 그런 사람일수록 좌익사상을 가졌을 가능성이 많다. 따라서 유권자는 입후보자가 자신의 대북관을 명확하게 표시하고 있는가를 살펴보아야한다.

또 다른 중요한 신념은 경제에 관한 것이다. 박원순 서울시장은 아동급식의 완전무상을 실천하고 있고 앞으로 대학등록금도 이에 준하는 복지정책을 염두에 두고 있다. 현재 우리나라에서 사회복지를 전면적으로 실시해야 한다는 주장이 강하게 일어난다. 그러나 우리의 경제수준에 비추어 볼 때 이런 전면적 사회복지가 가능한 것인지를 냉철하게 따져봐야 할 때다. 지금 유럽 특히 그리스가 국가 부도상황에 직면해 있는데 그렇게 된 이유 중의 하나는 무상복지정책이 너무 폭넓게 시행되고 있기 때문이다.

예컨대 대학등록금은 전액 국비로 지급된다고 한다. 현 우리 복지제도가 불충분하므로 어느 시점에 가서는 우리도 폭넓고 질 높은 사회복지정책이 시행되어야하지만, 이는 점차적으로 그리고 단계적으로 시행되어야한다. 유권자의 표를 의식해 무상복지를 전면 실시하자고 주장하는 입후보자는 과연 나라를 위해서 그런 주장을 하는 것인지, 아니면 단순히 표를 얻고자 하는 것인지를 냉철하게 따져봐야 한다.

마지막으로 중요한 신념은 개혁에 대한, 그리고 우리나라의 문제점을 타파하겠다는 강한 신념과 용기다. 국회의원이 퇴임한 후 받는 준 연금 120만원을 철폐하겠다는 강한 의지로부터 시작해 사법부의 월권과 부정을 강하게 억제하려는 방안에 이르기까지 중요한 국가개혁문제를 인식하고 이를 해결할 방법을 제시할 수 있어야한다. 전교조문제, 학생인권조례, 교실붕괴와 같은 교육문제는 물론 국가경쟁력 제고 방안, 저출산 및 노령화 문제, 국민연금방안에 이르기까지 다양한 국가당면과제를 어떻게 해결할 것인가에 관한 구체적인 방법도 제시할 수 있어야 한다.

그러나 여기서 우리가 눈여겨 봐야할 것은 대통령후보나 국회의원후보나 너무 많은 공약을 남발해놓는 경향이다. 국회의원 임기 4년 동안 할 수 있는 일은 제한되어 있다. 그러므로 국회의원 입후보자는 그가 중요하다고 생각하는 문제 몇 가지만을 심도 있게 천명해야한다. 지방발전만을 강조하여 사업유치와 예산확보를 강조하는 후보자도 우리가 조심해야한다. 물론 국회의원이 출신지역 발전을 위해 노력하는 것은 당연하다. 그러나 이것이 지나쳐 불필요한 사업과 예산을 따오는 것이라면 그는 오히려 나라와 국민에게 고통을 가져다 줄 인물이다.

우리가 사람을 정확하게 평가하는 방법 중의 하나는 그가 지금까지 어떤 일을 어떻게 수행해왔는가를 조사하는 것이다. 지금까지 한국사회에서는 학자를 존경하고 평판도 괜찮았다. 그래서 역대정권에서 학자들을 고위직에 임명한 경우가 많았다. 그 중 어떤 사람은 기대한 바대로 나라에 공헌했지만 많은 대학교수들이 기대 외로 부진했다. 그 이유 중에 하나는 정치에 가담한 교수들 자체가 정치에만 관심이 있는 반면 연구와 학생을 가르치는데 소홀한 사람들이었기 때문이다.

따라서 우리는 사람을 평가할 때 그의 전직(前職)도 문제 삼아야 하지만 그가 어떤 식으로 일을 해왔는가를 자세히 알아야한다. 전직에서 근면하고 성실했던 사람이라면 국회의원직에서도 충실할 가능성이 높다. 따라서 우리가 국회의원 입후보자의 성품과 능력을 가리는 것이 상당히 어려운 문제인 것 같지만 어떻게 보면 그렇게 불가능한 것은 아니다. 후보자가 전직에서 어떻게 일해 왔는가를 실제 업적이나 주변사람의 입을 통해서 알아볼 수 있다.

외국에서는 예컨대 〈워싱턴포스트〉가 대선 때 어떤 후보를 지지한다고 공식적으로 표명한다. 그러나 우리나라 신문사에서는 이런 일을 하지 않는다. 그 큰 이유는 잘못 지지를 표명했다가 엉뚱한 사람이 대통령이 되는 경우 그 신문사는 무차별 보복을 당하기 때문이다. 저자는 매스컴이 공익을 위해 국회의원 입후보자의 여러 가지 인품을 평가하는데 필요한 자료를 제공해주어야 한다고 생각한다. 물론 매스컴은 근거가 없는 정보, 그리고 고의적이고 악의성이 있거나 개인의 프라이버시를 침해하는 정보를 제공해서는 안 된다.

객관적인 업무수행평가, 그가 이루어낸 업적 등은 사견이 들어가지 않은, 그러면서도 입후보자의 인품과 능력을 평가하는 중요한 자료가 된다. 우리는 교수출신의 고위 임용직 후보자가 논문의 이중 발표 등으로 국회 인사청문회 때 곤욕을 치르는 것을 자주 보아왔다. 이런 정보는 언론사나 사정기관이 조금만 신경을 쓴다면 쉽게 구할 수 있는 정보이다. 요약한다면 매스컴은 투표권자에게 필요한 입후보자의 정보를 모두 낱낱이 공개해야할 의무가 있다. 그것이 매스컴이 가져야할 가장 중요한 임무와 기능이다.

4장

보수와 진보 논쟁

보수와 진보논쟁이 우리 정치의 초미의 관심사다. 진보는 빈곤층을 배려하는 복지정책을 추구하고, 보수는 시장경제를 중요시하여 급진적 복지보다는 점진적 복지를 추구한다는 속설이 난무한다. 따라서 앞에서 언급한 바와 같이 최근 한나라당의 개혁을 외치는 젊은 국회의원들 간에서 정강에서 보수를 지워버리자는 의견이 대두되고 있다.

먼저 보수와 진보라는 개념부터 살펴보아야한다. 언제부터인지 우리 사회에서는 보수는 전 근대적이고 그래서 '보수꼴통'이라는 신조어가 생겨났다. 꼴통이란 한물 간 세대를 지칭하는 속어이다. 그래서 보수는 전통적이고 전근대적이란 의미를 더 강조하기 위해 이런 신조어가 만들어진 것 같다. 그에 반해 진보는 개혁적이고 근대적이며 그래서 젊은 층을 대변하는 것으로 간주되고 있다. 그러나 이런 보수와 진보의 개념은 정확한 것인가?

아이젱크(Eyesenck, 197)라는 영국의 성격심리학자가 정치성향과 성격 간에 관계가 있다는 가정 하에 개인의 정치적 성향을 알아보는 사회적 태도검사를 제작했다. 이 검사는 2차원, 즉 보수(conservative)-급진(radical)차원과 강경(tough)-온건(tender)차원을 측정하게 제작되었다. 그가 말하는 보수란 현 사회제도, 이념, 가치관의 내용을 그대로 존중하여 그것을 그대로 유지하려는 태도이다. 반면 급진이란 현 사회제도 및 이념, 가치관을 부정하고 그것을 개혁하려는 태도를 말한다. 강경-온건 차원은 우리가 사회변화의 방법을 어떤 식으로 할 것인가의 방법에 관한 것을 말한다. 그래서 온건은 종교나 도덕적인 윤리를 존중하고 사회가 용인하는 범위 내에서 사회나 정치를 바꾸려는 태도이다. 반면 강경은 사회적인 제약이나 법을 무시하고 본능적 공격적인 태도를 취해 사회변화를 꾀하는 것을 말한다.

아이젱크가 이 사회적 태도를 개발하게 된 동기는 1950년대 후반 영국에서 보수당과 노동당을 포함한 여러 정당이 난립해 국론을 분열시키는 것에 자극을 받았기 때문이다. 그는 더 구체적으로 국민들이 왜, 그리고 어떤 이유로 보수당이나 노동당을 지지하는지를 조사하려 했다. 이를 위해 먼저 아이젱크는 여러 정당의 정강(政綱)을 분석하였더니 그것은 바로 보수-급진, 온건-강경의 두 차원으로 분류되는 것임을 발견했다. 그가 말하는 급진은 오늘날의 공산주의 사상과 일치하고 보수는 민주주의와 일맥상통한다. 비록 그가 1950년대의 영국의 좌와 우를 판별하는 설문서를 작성했지만 이는 2012년 현 시점에서 살펴보았을 때 우리나라에서도 그대로 적용될 수 있음을 알 수 있다. 예컨대 아이젱크의 사회적 태도조사 문항에 급진과 보수를 측정하는 문항으로 다음과 같은 것이 있다.

(2번 문항) 필경은 사유재산 제도가 폐지되고 완전한 사회주의 제도가 수립되어야 한다.

(8번 문항) 기간산업의 국유화는 능률저하, 관료화, 정체를 초래하기 쉽다.

(21번 문항) 자본주의는 비도덕적이다.

아이젱크는 위와 같은 문항으로 구성된 설문지를 만들어 영국의 유수한 정당 5개, 즉 공산당과 사회당, 파쇼당, 보수당, 자유당을 조사하여 그 당의 사회적 태도를 분석한 결과 그림 1과 같은 결과를 얻었다.

그림 1. 영국 정당별 사회적 태도

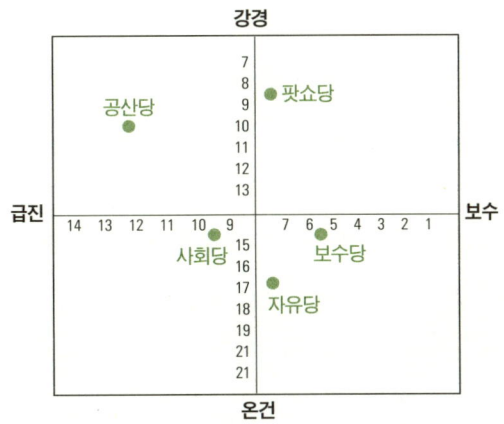

그림 1을 보면 공산당은 급진주의이며 강경론자들이다. 한편 보수당은 보수주의며 온건론자들이다. 우리나라의 각 정당들은 이 사회적 태

도조사 상에서는 어떤 위치를 점할 것인가? 민노당은 확실히 급진적이고 강경 노선이므로 영국의 공산당과 비슷하게 나타날 것이다. 물론 이것은 어디까지나 저자의 추론이다. 저자가 민노당의 정강정책을 분석해 이런 결과를 내린 것이 아니고, 지금까지 민노당 국회의원들이 취한 대북정책, 천안함 사건, 연평도 사건에서 보인 그들의 태도를 보고 짐작해본 것이다.

한나라당은 급진과 보수사이에서 지금까지 보수를 견지해 왔다. 그 이유는 한나라당은 시장경제를 지향했고 자본주의사회를 지지했기 때문이다. 민주통합당은 어떤가? 민주통합당이 전 김대중 대통령이 이끌었던 민주당에서 출발했으므로, 그리고 김 전 대통령이 친북이었던 관계로 우리는 민주통합당이 급진 쪽에 속할 것이라고 추정할 수 있다. 그러나 민주통합당이 공산주의를 정강으로 채택하지는 않았을 것이다. 그 이유는 지금까지 지구상에서 공산주의를 채택한 국가는 이북을 포함해 모두 망했기 때문이다. 그러나 민노당이 정강에 공산주의를 지지하는 내용을 삽입하지 않았더라도 민노당 국회의원들이 취하는 정치적 태도를 볼 때 우리는 그들이 친(親)공산주의, 친북주의적 인상을 받게 된다. 이는 민주통합당의 경우도 마찬가지다. 그들이 급진주의 태도를 표방하지는 않더라도 일부 국회의원들이 취하는 태도와 행동을 살펴보면 그들은 급진주의자에 가깝다.

여기서 저자가 제기하고 싶은 논점은 진보(progressive)라는 개념이다. 진보라는 개념은 아이젱크의 사회적 태도의 두 차원, 즉 급진-보수나 강경-온건 그 어디에도 속하지 않은 개념이다. 즉 이것은 우리나라의 정치가나 매스컴이 잘못 만들어낸 개념이다. 저자의 느낌으로는 우리나라의 매스컴이 아이젱크의 급진을 진보로 잘못 바꾼 것 같다. 아이젱크가 말한 급진, 즉 Radical은 자본주의를 부정하는 공산주의를 말한다. 그렇다면 진보란 말을 민주통합당이나 민노당만이 사용하는 것은 옳지 않다. 왜냐하면 자본주의를 지지하는 한나라당도 진보적일 수 있기 때문이다. 정리한다면 우리나라에서 말하는 진보는 잘못된 정치적 개념이다. 이를 구태여 아이젱크의 사회적 태도상에 비추어 본다면 그것은 급진에 해당한다. 만일 어떤 정당이 공산주의 체제를 지지한다면 그 정당은 급진이라는 용어를 써야하고 진보라는 말을 써서는 안 된다.

결론적으로 지금 우리 정치가들, 그리고 매스컴들은 어느 정치적 이론에도 나타나지 않은 진보란 개념을 도입하고 또 이를 보수와 대립하는 것으로 호도(糊塗)하고 있다. 진보는 보수의 반대가 아니다. 보수의 반대는 급진이고 지금 민노당이나 일부 민주통합당이 취하는 태도나 행동은 급진에 가깝다.

최근 한나라당이 서울시장선거에서의 패배, 의원들의 부정부패, 이명박 실세들의 부패 등으로 당의 지지율이 폭락하고 있다. 그래서 당을 리셋(reset)해야 하느니 아니면 더 과감하게 당을 해산하고 창당을 해야 하느니로 시끄럽다. 앞에서 지적한 바와 같이 한나라당의 일부 국회의원들 사이에 한나라당의 정강에서 보수를 지워버리자는 의견이 대두되고 있다. 이 문제는 그렇게 간단하게 결정할 것이 아니며, 한나라당이 앞으로 과연 어떤 정당으로 태어날 것인지를 결정할 중대한 이슈다.

만일 한나라당이 보수를 폐기한다면 민노당과 같이 급진 쪽을 택하자는 것인가? 아마 그런 의도는 아닐 것이다. 이 글의 서두에서 말한 바와 같이 보수-꼴통의 이미지를 쇄신하기 위한 것이다. 그렇다하더라도 보수 색깔을 지워버린다면 그것은 한나라당의 정체가 공중에 떠버리고 알맹이, 즉 정강정책이 없는 껍데기 정당이 되어버리는 것이다. 한나라당은 보수 정강을 그대로 유지해야한다. 그러면서 잘못되고 부정부패와 연관된 제도나 규범을 과감하게 혁신하는 태도를 취하면 된다.

우리나라 정치권에서 초미의 관심사가 되어있는 또 다른 정책 중의 하나는 복지논쟁이다. 한나라당을 제외한 다른 야당들은 전면복지를 주장한다. 수출은 잘 되지만 내수가 부진하고 취업이 저조해 중산층이 무너져 내리고 저소득층이 급격히 증가하고 있다. 이런 상황에서 전면복지를 주장하는 야당의 목소리가 유권자에게 먹혀들어 갈 수 밖에 없다. 그러나 무상복지가 가져다주는 해독을 우리는 이미 유럽의 금융위기에서 잘 보고 있다. 그리스 등 남유럽과 아르헨티나와 같은 남미국가는 연금, 대학등록금 등에서 무상 복지가 최고조에 달해 국가가 이미 재정고갈 상태에 빠져있다. 예컨대 그리스에서는 퇴직자가 비록 몇 년간만 일했어도 재직 시 월급의 93%를 일생동안 연금으로 받고 대학등록금이 무상이라 원하는 사람은 누구나 다 대학에 공짜로 갈 수 있다. 그러다보니 재정 파탄이 났고 유럽경제 파산의 주범으로 몰리고 있다.

복지를 위한 재원은 결국 국민들의 세금으로 충당할 수밖에 없다. 높은 세금은 납세자의 원망을 불러일으켜 사회적 갈등을 심화시키고 기업으로 하여금 투자의욕을 상실케 만든다. 세금이 높은 영국이나 스웨덴에서는 부자들이 거주지를 세금이 낮은 나라로 옮겨 심각한 국부 유출이 발생한다.

전면적 복지가 수혜자에게도 반드시 좋은 결과를 가져오는 것은 아니다. 오히려 일할 의욕을 감소시키는 부작용을 초래한다. 그래서 독일은 취업활동에 적극 가담하지 않은 사람에게는 실직수당을 감액한다. 그래서 실직자들이 열심히 취업활동에 나설 수밖에 없다. 우리나라도 그리스와 같이 정권을 잡기 위한 수단으로 복지정책을 내거는 정당과 정치입후보자가 많이 나올 것이다. 그러나 이런 사람은 우리를 행복하게 만들어주기는커녕 앞으로 우리를 그리스와 같이 경제파탄에 빠지게 할 사람들이다. 따라서 이번 총선과 대선에서 복지문제에 대한 입후보자의 의견을 잘 경청해야 한다. 그리고 나라의 앞날을 위해 복지와 관련해 어떤 정강과 정책을 가진 당과 후보를 선택해야할지를 심사숙고해야한다. 이번 두 선거는 우리의 앞날을 좌우하는 중차대한 선거다. 그 이유는 우리한국의 미래를 결정할 중요한 선거이슈가 그 어느 선거 때보다 많이 등장하기 때문이다.

제 2 부

대통령의 리더십

한국은 올해가 건국 64주년이 된다. 그 사이 우리나라에서 대통령이 꼭 10명 탄생되었다. 그러나 최규하 대통령이 1년을 채우지 못하고 사임했고 윤보선 대통령은 총리체제였다. 이명박 대통령은 아직 임기 중이다. 그래서 이 세 대통령을 제외한다면 우리의 평가 대상은 7명의 대통령이다. 7명의 대통령이 똑같은 임기를 마치지 않았다. 최장기집권을 한 대통령은 박정희로서 18년간 재임했다(1961~1979). 그 다음이 이승만으로 12년간 재임했고, 전두환 대통령은 8년간 재임했으며, 나머지 4명의 대통령은 우리 헌법에 규정된 단임 기간 5년씩을 재임했다.

모든 중요한 직책이 다 그렇지만 특히 대통령과 같은 막중한 직책은 단임 5년으로 치국하기는 미흡할 것이다. 대통령으로서 해야 할 중요한 일이 무엇인지, 그리고 국정을 어떻게 보살펴야 하는지, 경제와 과학기술, 그리고 교육을 어떻게 발전시켜야할지를 제대로 파악하려면 약 1년 내지 2년이 소요된다고 한다(김충남, 1998). 그런데 막상 이제 대통령으로서 할 책무와 그 방법을 좀 익히려했더니 어느덧 임기 말이 다가와 그만 물러나야한다.

대통령이 국정을 잘 운영했다면 대통령을 새로 바꾸기보다는 전임 대통령을 다시 뽑는 것이 여러모로 더 현명한 방법이다. 그래서 대통령 임기는 미국식으로 4년으로 하되 중임할 수 있도록 우리나라의 법을 바꾸어야한다. 국회에서 잊어버릴만하면 대통령 중임제가 불쑥불쑥 튀어나오다 금방 사그라진다. 왜 그렇게 되는지 그 이유를 잘 모르겠다. 그것을 주장하는 대통령후보가 욕심이 많은 사람으로 비춰어질까봐 그런 것인지, 아니면 다른 어떤 무리수가 곁들여있는지 잘 모르겠다. 그러나 우리도 언젠가 대통령 중임제로 헌법을 바꾸어야한다.

이 장에서는 대통령의 리더십을 다루어 보기로 한다. 대통령에 관한 평전은 시중에 여러 책이 나와 있다. 전문가들의 책으로는 한승조(1992), 김호진(1994), 김충남(1998), 그리고 바른사회시민회의(2007)가 있다. 비전문가가 쓴 책도 많이 있다. 조갑제는 박정희 대통령에 관해 13권의 전기를 저술했다(2007). 전인권(1997)은 김대중 대통령에 관해 저술했고, 안병진(2007)은 노무현 대통령에 관해 평을 했다.

그린데 이들 비전문가가 쓴 대통령 평전을 보면 주관적인 내용이 많다. 비전문가가 쓴 내용에는 일화, 성장기 등이 많이 수록되어 있었는데 이 내용은 이현령비현령이다. 즉 어떤 관점에서 보느냐에 따라 일화나 성장기록에 관한 해석이 달라질 수 있다.

전문가들은 대통령의 리더십 스타일에 관해서 언급했다. 그런데 저자가 정치학자가 아니어서인지 몰라도 저자가 배우고 연구한 리더십 스타일과는 많은 차이가 있다. 그리고 정치전문가가 분석한 우리 대통령의 리더십 역시 주관적 분류가 적지 않아 그것을 그대로 인용하기가 어렵다. 그래서 저자는 나름대로의 분석을 시도했다. 제일 먼저 대통령 분석의 잣대를 그가 이룩한 업적에 두기로 했다. 그 이유는 업적은 객관적인 잣대가 되기 때문이다.

물론 대통령이 반드시 경제, 과학기술만 발전시켰다고 해서 위대한 대통령이 되는 것은 아닐 것이다. 대통령은 국민에게 자유를 주고 편안케 하며 바르게 나라를 다스리는 것도 해야 할 중요한 임무이다. 그러나 후자의 잣대는 잘못하면 주관적 평가에 그치기 쉽다. 어느 정권 하에서 국민이 제일 많이 자유를 느꼈고 행복했었는지를 가늠하기가 어렵기 때문이다. 그래서 저자는 객관적 지표인 치적을 제일 중요한 잣대로 삼왔는데 여기서 말하는 치적이란 경제지표, 즉 GDP와 물가상승률은 물론 고속도로 건설, 금융실명제, 배심제와 같이 어떤 새로운 제도나 입법의 추진을 포함한다. 이런 치적은 그 계획이나 효과 자체가 비교적 객관적이기 때문에 대통령을 평가하는 잣대로 마땅할 것 같다.

대통령의 치적과 반대되는 실정(失政)도 대통령을 평가하는 객관적인 자료가 될 것이다. 다른 나라와 달리 우리나라 대통령은 재임기간 중 뇌물을 받고 치부한 대통령이 더러 있다. 또 자신은 부정축재를 하지 않았더라도 친인척이 불법을 저지른 불행한 대통령도 있었다. 이것 역시 대통령이 책임질 일이다. 따라서 대통령의 실정도 평가 잣대로 삼기로 했다.

먼저 7명의 대통령 전부를 한 묶음으로 평가하고자 하는데 재임기간 중 이룩한 경제적 업적을 한꺼번에 비교해 보기로 하자. 그런 다음에 각 대통령 별로 평가를 하는데, 이 때 두 번째 잣대인 치적과 세 번째 잣대인 실정을 들이 댈 것이다.

역대 대통령의 경제측면의 업적은 경제성장, 물가상승률, 그리고 지니계수(소득상의 불균형) 등의 세 가지측면을 살펴보고자 한다.

1장

대통령과 경제발전

이승만 대통령 시절, 즉 1949년부터 1960년대까지 연도별 경제발전은 간단하게 조감하고자 한다. 그 이유는 우리가 1950년부터 1953년까지 한국전쟁을 치렀고, 그 후 이 대통령의 잔여기간도 전후복구를 위한 시기로 간주해야하기 때문이다. 이승만 대통령의 경제 치적을 논하기에 그는 너무 열악한 경제 환경 속에서 국가를 통치했기 때문에 당연히 그의 경제치적은 볼만한 것이 없을 것이다. 간단하게 박우희(2003)가 정리한 것을 보면 당시의 국민총생산은 1949~53년간에는 3.5%, 1954~1961년간에는 4.7%의 성장률을 보였다.

그러나 이 기간 동안의 인플레이션은 가히 살인적이어서 1949년 서울시 도매물가지수를 100으로 할 때 1950년 6월(120), 1950년 12월(287), 1951년(896), 1952년(1,813), 1953년(2230)을 보였다(최상오,

2006). 이것은 전쟁수행에 필요한 자금을 화폐발행으로 메운 탓이다. 그러므로 이 대통령의 재임기간 중의 경제성장은 물가고로 인한 인플레이션 탓에 경제성장이 무의미하고 경제 치적을 따질 상황이 아니었다.

지난 1971년부터 2011년까지 40년간의 국내총생산(GDP)을 살펴보았다. 더불어 이 시기의 소비자 물가상승률도 조사했는데 그 이유는 GDP가 아무리 높더라도 소비자 물가상승률이 높으면 성장이란 것이 의미가 없기 때문이다. 마지막으로 지니계수를 조사했다. 지니계수는 소득불균형을 알아볼 수 있는 지수인데 숫자가 높을수록 경제적 불평등이 심한 것을 나타내 .40이면 불평등이 심한 것을 의미한다. 최근 우리나라에서 수출은 잘 되고 있지만 그 혜택이 상류층에 집중하고 중하류층은 빛을 보지 못한다는 불만이 높아지고 있다. 따라서 대통령의 경제치적을 논할 때 소득 불균형 문제인 지니계수를 함께 고려해야한다.

GDP(한국은행 통계)와 소비자 물가상승률(통계청 연도별 소비자물가 등락율 통계)은 1971년 통계부터 표시되어있고 지니계수(통계청 소득분배지표)는 1990년부터 통계가 나와 있다. 아래 표4에는 각 대통령 재임기간 별로 세 가지 경제지표, 즉 GDP와 소비자 물가상승률, 그리고 지니계수가 표시되어있다. 이 표를 보면 우리는 어느 대통령이 나라살림을 잘 꾸렸는가를 일목요연하게 알 수 있다. 그리고 표4 아래에 세 가지 경제지표를 보기 쉽게 그래프로 그렸다.

GDP와 소비자 물가상승률이 역대 대통령의 치적이라고만 판단할 수는 없을 것이다. 이 지표는 대통령보다는 민간 기업이 장사를 잘 하고 국민들이 밤낮으로 열심히 일한 덕이 더 클 것이다. 그럼에도 불구하고 우리가 지난 60년 간의 경제성장을 논할 때 당시 대통령의 역할을 강조

표4. 역대 대통령 재임기간 별 국내총생산(GDP평균), 소비자 물가상승률, 지니계수

	박정희(10.3%) / 1961~1979							최규하 / 1979~1979		
년도	1971	72	73	74	75	76	77	78	79	80
GDP	10.4	6.5	14.8	9.4	7.3	13.5	11.8	10.3	8.4	-2.6
소비자 물가	13.5	11.7	3.2	24.3	25.3	15.3	10.1	14.5	18.3	28.7
지니계수										

	전두환(9.97%) / 1980~1987							노태우(8.7%) / 1988~1992				
년도	81	82	83	84	85	86	87	88	89	90	91	92
GDP	7.4	8.3	12.2	9.9	7.5	12.2	12.3	11.7	6.0	9.3	9.7	5.0
소비자 물가	21.4	7.2	3.4	2.3	2.5	2.8	3	7.1	5.7	8.6	9.3	6.2
지니계수									0.266	0.259	0.254	

	김영삼(7.4%) / 1993~1997					김대중(7.7%) / 1998~2002				
년도	93	94	95	96	97	98	99	20	01	02
GDP	6.3	8.8	8.9	7.2	5.8	-5.7	10,7	8.8	4	7.2
소비자 물가	4.8	6.3	4.5	4.9	4.4	7.5	0.8	2.3	4.1	2.8
지니계수	0.256	0.255	0.259	0.266	0.264	0.293	0.298	0.279	0.290	0.293

	노무현(4.3%) / 2003~2007					이명박 / 2008.2~			
년도	03	04	05	06	07	08	09	10	11
GDP	2.8	4.6	4	5.2	5.1	2.3	0.3	6.2	3.6
소비자 물가	3.5	3.6	2.8	2.2	2.5	4.7	2.8	3	?
지니계수	0.283	0.293	0.298	0.305	0.316	0.319	0.320	0.315	?

GDP

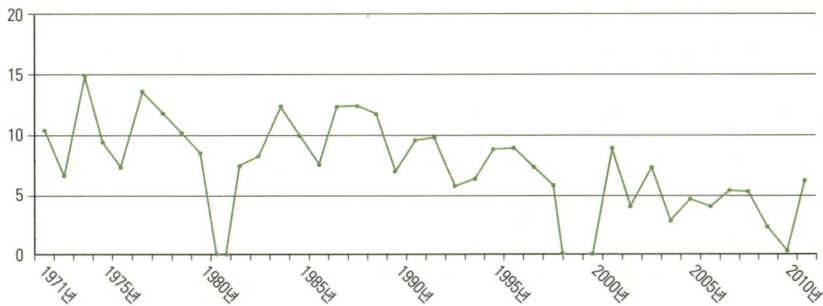

소비자 물가

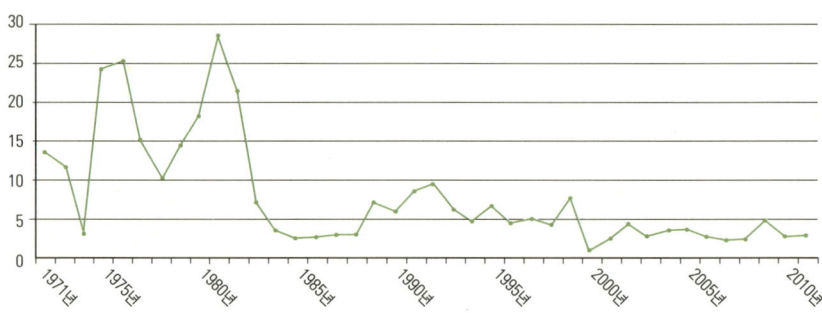

지니계수

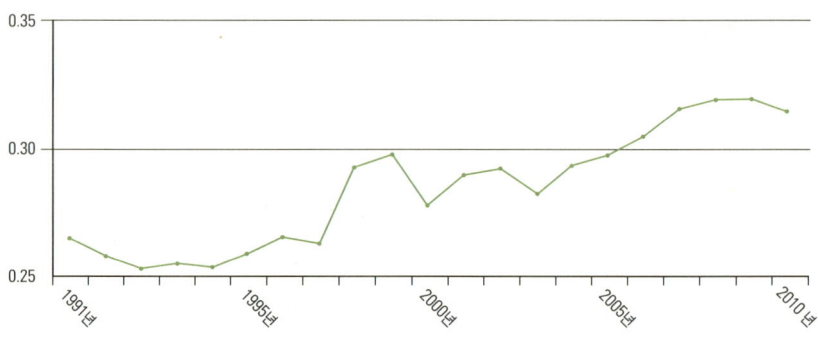

하지 않을 수 없다 그 몇 가지 이유는 다음과 같다.

첫째 우리나라가 독립한 후 바로 6·25전쟁을 겪으면서 민족자본이 형성되지 못하였다. 회사가 설립되고 공장이 세워지려면 자본과 기술이 필요하다. 그래서 우리는 외국으로부터 자본과 기술을 도입하지 않으면 안 되었다. 외국으로부터 자본과 기술을 도입하려면 국가가 그 역할을 맡아 할 수밖에 없었다. 소위 경제학자들이 지적하는 바와 같이 한국의 지난 경제역사는 관(官)주도형 경제였다. 그래서 관, 즉 대통령이 잘 해야 경제가 발달한다. 그래서 우리는 과거 경제발전에서 대통령의 역할을 중요시할 수밖에 없는 것이다.

1. GDP상으로 비교한 역대 대통령 평가

GDP 수치상으로 볼 때 가장 위대한 대통령은 박정희였다. 표4를 보면 1971년부터 1979년까지 GDP의 평균은 10.3%였다. 이는 그가 집권한 1960년부터 1970년까지도 마찬가지다. 비록 표4에는 이때의 GDP가 집계되어있지 않지만 이 기간에도 GDP가 평균 10% 이상이었다. 두 번째로 경제 위업을 이룬 대통령은 전두환이다. 그가 통치한 1980년부터 1987년까지의 GDP 평균은 9.97%였다. 1979년 10월 박대통령의 서거로 인해 극도로 심한 사회적 혼란이 있었다. 이것이 바로 경제에 영향을 주어 다음 해인 1980년에는 -2.6%로 성장이 뒷걸음쳤다. 따라서 전두환 대통령 시절의 GDP 평균 산출에서 1980년의 수치는 제외했다. 노태우대통령도 그의 집권기간에 GDP 평균이 8.7%여서 세 번째로 높은 경제성장률을 성취했다.

4번째로 우수한 대통령은 김대중이었다. 그의 재임기간 중인 1998년에는 GDP가 -5.7%로 낙하했다. 이것은 전임 대통령인 김영삼이 외환위기를 초래해 국제통화기금으로부터 수혈을 받고 긴축경제를 펼친 탓이다. 즉 강력한 구조조정을 통해 부실한 대기업, 중소기업이 줄줄이 도산했고 그에 따라 경제성장은 마이너스로 돌아섰다. 1998년도의 수치를 제외한 그의 4년간 재임기간 중 GDP 평균은 7.7%다.

김영삼 대통령의 GDP 평균은 7.4%로서 일견하기에는 괜찮은 경제성과를 올린 대통령 같다. 그러나 그의 임기 말인 1997년 외환위기를 막지 못해 우리나라 경제를 하루아침에 지옥으로 빠트렸다. 그가 왜 이런 엄청난 실수를 했는가는 개별 대통령 평가에서 지적할 것이고 여기서는 생략하기로 한다. 따라서 김영삼의 7.4%의 GDP 평균치는 1998년도의 -5.7을 더한다면 6.3%로 떨어진다. 노무현 대통령의 평균은 4.3%이다. 이명박 대통령의 4%(추정치임)에 비하면 경제점수가 높은 대통령인 것처럼 보인다. 그러나 실상은 그렇지 않다. 노무현 대통령 재임시절인 2003년부터 2007년은 전 세계가 유래 없는 호황을 보인 때이다. 그래서 OECD국가전체의 GDP 평균이 노무현 대통령 시절의 한국의 GDP보다 더 높았다. 그래서 노무현은 경제 치적이 제일 형편없었던 대통령으로 평가되어야 한다.

반면 이명박 대통령 시절인 2008년에는 미국에서 전례 없는 서브프라임 모기지 사태로 인해 금융위기가 발발했다. 이로 인해 미국을 비롯한 선진국이 모두 마이너스 성장을 했다. 그럼에도 불구하고 한국은 2009년에 0.3%의 성장을 하고 2010년에는 6.2%로 괄목할 만한 성장을 달성했다. 따라서 수치상으로는 노무현 대통령이 이명박 대통령보다 더 잘 한 것 같지만 실상으로는 이명박 대통령이 어려운 시기에 경제성장을 잘 이끌어 나갔다.

2. 소비자 물가상승률 상의 대통령 평가

앞에서 언급한 것처럼 아무리 경제가 성장했다하더라도 물가가 폭등하면 그 성장은 잠식되어버릴 수밖에 없다. 따라서 대통령의 경제치적에서 소비자 물가상승률을 따져보아야 한다. 소비자 물가상승률로 따져본 대통령의 치적은 어떤가?

전두환 대통령은 취임 첫 해인 1980년에는 소비자 물가상승률이 무려 28.7%이었고 1981년에는 21.4%에 달했다. 이것은 1979년부터 1985년 사이에 있었던 고유가, 고금리, 그리고 고달러의 3고 현상 때문이다. 그러나 82년에는 물가를 7.2%로 잡았고 그 후 4년간은 평균 2.8%를 달성했다. 이명박 대통령은 3년간만 잡혀있어 타 대통령과 완벽하게 비교할 수 없다.

그런대로 각 대통령별로 재임기간 중 소비자 물가상승률을 평균해 보면 전두환 대통령이 단연 우위다. 뒤에서 자세히 언급하겠지만 전두환 대통령은 재임기간 중 한국역사상 초유의 외환위기에 직면했다. 박대통령 서거 후 국내정세가 혼미하고 이에 따라 경제가 급속도로 침체해 외화를 갚을 능력이 없었기 때문이다. 그러나 그는 이 위기를 넘겼고 물가를 잘 통제했다. 노무현 대통령이 두 번째로 물가를 잘 통제해 재임시절 소비자 물가상승률은 2.9%였다. 그 다음은 김대중 대통령으로 3.5%였으며, 김영삼 대통령은 5.0%, 이명박 대통령은 3.5%(3년간의 평균)였다.

제일 물가관리를 잘못한 대통령은 노태우로서 7.4%였다. 박정희 대통령 재임기간 중의 소비자 물가상승률이 집계되지 않아 다른 대통령과 비교를 할 수 없는 것이 안타깝다. 그를 제외한 나머지 7명 대통령의 소비자 물가상승률 상의 치적을 비교해 보면 전두환 대통령이 단연 우수하다. 그는 재임기간 중 박정희 대통령 다음으로 GDP도 제일 높았고, 소비자 물가도 잘 관리해 박정희 대통령 다음으로 경제를 잘 이끈 대통령으로 간주된다. 한편 노무현 대통령은 소비자 물가상승률은 낮게 유지한(평균 2.9%) 공로가 있지만 앞에서 살펴본 바와 같이 GDP상에서 실적이 저조했다. 비록 재임 중 GDP 평균이 4.3%로 이명박 대통령보다는 약간 높지만 그의 재임기간 중 전 세계가 호황을 누렸다는 사실을 감안한다면, 경제치적은 최하위였다고 말해도 과언이 아니다.

3. 지니계수 상에 나타난 역대 대통령 평가

여기서 제시한 지니계수는 우리나라 전 가구의 자료가 아닌 도시 2인 가구 이상의 시장 소득자료를 분석한 것이다(통계청, 2010년). 자료는 불행히 1990년도부터 기재되어있어 그 이전 대통령시절과 비교할 수 없는 아쉬움이 있다. 그러나 건국 이래 대한민국은 1990년대 말까지 소득균형이 제일 잘 되어있는 나라로 손꼽힌다. 그래서 1990년대 이전 지니계수를 보지 않아도 그 수치가 상당히 낮아 국민들의 소득상의 불균형이 아주 미약했던 것으로 짐작된다. 우리나라가 다른 경제후진국에 비해 소득불균형이 낮은 원인은 권력층이 부정한 방법으로 치부하지 않은 까닭이다. 즉 다른 나라에 비해 우리나라는 부가 균등하게 분배되었다. 그러나 최근에 이르러 소득불균형이 나타나기 시작해 사회문제로 대두되고 있다.

표4의 결과를 보면 노태우 대통령 시절의 지니계수의 평균은 .260이고, 김영삼 대통령의 경우도 .260이며, 김대중 대통령의 경우는 .291이다. 김대중 대통령 재임 중부터 서서히 지니계수가 상승하기 시작하는 것은 흥미로운 사실이다. 지니계수는 .40 이상이면 소득불균형이 심화된 것으로 간주한다. 노무현 대통령 시절의 지니계수는 본격적으로 상승하기 시작하여 그 평균은 .299이다. 이명박 대통령의 전 재임기간의 지니계수가 아직 입수되지 않아 비교가 곤란하다. 단, 지난 3년 동안의

통계치를 토대로 평균을 내면 .318로 지난 60년 경제역사상 제일 높다. 그의 말기에 가서도 이 수치가 높게 나올 것이 예상된다.

지니계수 상으로 평가한 역대 대통령의 평가는 모든 대통령의 자료가 입수되지 않아 비교하기가 어렵다. 입수된 자료로 따지면 노태우와 김영삼 대통령 시절에는 지니계수가 .260으로서 상당히 양호했다. 그러나 김대중 시절부터 지니계수가 .291에 이르고 이명박 대통령의 초기에 이 지수가 .318로 상승했다. 김대중 대통령이 비교적 경제를 잘 이끌었고 이는 이명박 대통령도 마찬가지이지만, 지니계수 상으로 볼 때 이 두 대통령은 그리 높은 평가를 받지 못할 것이다.

결론적으로 말하면 3가지 경제지표상으로 본 역대 대통령의 평가는 박정희 대통령이 제1위이고 그 다음이 전두환 대통령이다. 그렇게 평가하는 이유는 두 대통령의 GDP평균이 각기 10.3%, 9.97%로 나머지 대통령 누구보다도 높았기 때문이다. 소비자 물가의 경우 박정희 대통령의 재직기간 중의 통계가 나와 있지 않아 다른 대통령과의 비교가 불가능하다. 그러나 그의 재임 18년간 소비자 물가가 1974년도 제1차 오일쇼크 때 폭등한 것을 제외하면 그의 물가관리는 다른 대통령 못지않게 우수한 성적일 것이다. 이는 지니계수도 마찬가지일 것이다. 통계가 잡혀있지 않아 잘 모르지만 당시 우리나라에서 빈부격차가 그리 크지 않았던 것으로 기억된다. 따라서 박정희 대통령이 경제대통령으로 치부될 만큼 우수한 업적을 쌓았다고 결론지어도 과언이 아니다.

전두환 대통령을 2위로 꼽은 이유도 그가 GDP는 높게 달성했으면서도 물가상승률은 평균 2.8%로 유지해 물가관리를 철저히 했다는 것이다. 나중에 각 대통령의 평가에서 이 문제를 다시 언급할 것이다. 그 다음은 김대중 대통령이다. 그의 재임기간 중 GDP 평균 7.7%는 노태우 대통령의 8.7%보다는 낮다(그의 평균은 취임 1년의 -5.7%를 제외하였다. 이유는 김영삼 대통령 말기에 우리나라가 외환위기를 당했고 따라서 그 여파로 그의 취임 초기에 경제성장이 마이너스로 돌아섰기 때문이다). 소비자 물가상승에서는 김대중 대통령이 노태우 대통령보다 훨씬 앞선다. 그의 소비자 물가상승률 평균은 3.5%인 반면, 노태우의 경우는 7.4%로 배가 넘는다. 따라서 노태우 대통령은 GDP상에서는 김대중 대통령보다 앞섰으나 물가를 제대로 관리하지 못해 실질적으로는 경제를 잘못 이끈 대통령이 되었다. 우리나라 역대 대통령 중 소비자 물가상승률을 평균 7.4%나 올린 것은 노태우 대통령 한 명뿐이다. 나머지 대통령은 많아보았자 4~5%대에 머물렀다.

그러나 지니계수에서는 노태우 대통령이 더 나아 그는 .260이고 김대중 대통령의 경우는 .291이다. 김대중 대통령 시절부터 우리나라에 빈부격차 문제가 불거지기 시작했다. 그러나 지니계수가 .30 이하이므로 그렇게 우려할 만한 것은 아니었다. 따라서 김대중 대통령을 3위로 평가하는 것은 무난하다.

4위를 점하는 대통령은 누구일까? 김영삼 대통령은 GDP상에서(평균 7.4%) 노무현 대통령(4.3%)보다는 높다. 그러나 그는 재임 마지막 해에 외환위기를 막지 못한 우를 범해 우리나라 경제를 도탄에 빠트렸다. 그래서 높은 GDP 성취도 무의미하다. 한편 노무현 대통령은 GDP 평균이 4.3%로 아주 저조하다. 앞에서 언급했지만 노무현 대통령의 통치기간 중 전 세계가 전대미문의 고성장을 구가했음에도 불구하고 GDP 4.3%는 OECD 평균에도 못 미치는 업적이다. 따라서 노 대통령도 경제를 잘

성장시키지 못한 대통령으로 치부할 수 있다. 그러나 김영삼 대통령과 노무현 대통령 중 그래도 누가 더 나은지를 평가하기는 어렵다. 나는 경제전문가가 아니기 때문이다.

이명박 대통령의 경제업적은 아직 통계치가 입수되지 않아 다른 대통령과의 비교는 어렵다. 그의 GDP상의 수치나 물가상승률의 통계가 다른 대통령보다는 훨씬 못 미치는 것으로 나올 가능성이 있다. 그러나 그의 재임기간 중에는 서브프라임 모기지, 유럽발 금융위기 등 전 세계 경제가 파탄이 나서 위축되는 상황이었다. 그럼에도 불구하고 그가 만일 GDP 평균 4.0%를 올린다면 성공한 경제대통령으로 꼽아야할 것이다. 즉 그를 김영삼이나 노무현 대통령보다는 더 훌륭한 경제대통령으로 간주해야할 것이다. 다만 그의 재임기간 중 지니수치가 상승했다는 사실은 오점으로 지적되어야한다.

4. 대통령의 친인척 비리

우리나라 대통령을 한눈에 평가하는 또 다른 잣대는 친인척 비리다. 불행하게도 우리나라 대통령은 재임 시 친인척 비리로 몸살을 앓은 사람이 많았다. 이 잣대 상에서 우리대통령을 평가해보자. 〈조선일보〉의 조백건 기자(2011)는 '5년마다 수갑 차는 아들, 형, 친척'이란 제목 하에 9명(최규하 제외)의 대통령의 친인척비리를 조사하였다. 이 기사의 내용을 그대로 옮겨보자.

"역대 정권에서도 대통령 친·인척 비리는 끊이지 않고 되풀이됐다. 전두환 정권에선 대통령의 큰형 기환 씨가 노량진수산시장 운영권을 강제로 빼앗은 혐의로 구속됐다. 동생인 경환 씨도 새마을운동본부 회장으로 재임하면서 공금 70억여 원을 빼돌린 혐의로 후임 정부 출범 직후 기소됐다. 사촌형 순환 씨, 사촌 동생 우환 씨, 처남인 이창석 씨도 뇌물 수수, 탈세, 횡령 등으로 모두 구속됐다.

노태우 전 대통령의 처사촌 박철언 씨도 슬롯머신 업자로부터 금품 6억 원을 받아 챙긴 혐의로 구속됐다.

김영삼 대통령은 집권하자마자 '친·인척 정치 금지' 원칙을 천명했다. 당선된 직후 친·인척 수십 명을 불러 모아 '돈 싸들고 접근하는 X파리들을 조심하라. 단돈 100원만 받아도 구속시킬 것'이라고 엄포를 놓기도 했다. 김 전 대통령의 차남 현철 씨는 두양그룹 회장 등으로부터 이권 청탁과 함께 금품 30억 여 원을 받은 혐의로 구속됐다. 현직 대통령 아들이 구속되기는 이때가 처음이다.

김대중 전 대통령은 대선 당시 '대통령 친·인척 부당행위 금지법'을 공약으로 내걸었고, 친가는 8촌까지, 외가는 4촌까지 관리했다. 그러나 정작 김 전 대통령의 세 아들이 각종 게이트에 연루돼 모두 법정에 섰다. 장남 홍일 씨는 이용호·진승현 게이트에 연루돼 불구속 기소됐고, 차남 홍업 씨는 이권 청탁을 대가로 25억 원을 받아 구속됐다. 삼남 홍걸 씨도 최규선 게이트에 연루돼 구속됐다.

노무현 전 대통령은 민정수석실 산하에 대통령 친·인척을 감시하는 특별 감찰반까지 설치했지만, 친형 건평 씨는 세종증권 인수 청탁을 대가로 30억 원을 받은 혐의로 2009년 대법원에서 징역 2년 6개월과 추징금 3억 원을 선고받았다. 노 전 대통령의 부인 권양숙 여사가 박연차 전 태광실업 회장에게서 600만 달러를 청와대 관저에서 받았다는 의혹이 제기됐고, 노 전 대통령이 직접 검찰 조사를 받고 뒤이어 2009년 5월

스스로 목숨을 끊었다.

이명박 대통령의 경우도 김옥희 처사촌이 공천 로비로 30억 원을 수수한 혐의로 구속되었고 김재홍 처사촌은 제일 저축은행으로부터 4억 원을 받은 혐의로 구속되었다. 그 외에 이 대통령의 친형인 이상득 의원의 비서의 통장에서 정체를 알 수 없는 거액의 자금이 발견되어 현재 조사기관에서 이를 조사하고 있다."

대통령 친인척 비리에서 역대 대통령을 살펴보면 이승만, 박정희, 윤보선을 제외한 6명의 대통령이 모두 비리에 연루되어 있었다. 윤보선 대통령은 과도기에 실권을 갖지 못한 대통령이었으므로 그 역시 제외해야한다. 그러면 이승만과 박정희 대통령 두 사람만이 이 잣대에서 제일 우수한 대통령으로 남게 된다.

2장
대통령들의 개별평가

대통령의 개별평가는 그의 업적과 동시에 실책과 비리도 한꺼번에 다룬다. 그러나 앞에서 친인척 비리는 이미 언급했으므로 여기서는 제외한다. 대통령의 치적은 가능한 한 역사적 사실, 그리고 고증할 수 있는 자료를 중심으로 하였다. 그러나 저자가 직접 체험하거나 목격했던 사실도 포함했다.

1. 이승만 대통령

이승만에 대한 평가는 양극을 달린다. 유영익(2006)은 '이승만 대통령의 업적'이란 논문에서 과거 이승만을 비판한 내용을 살펴보았다. 그는 외국과 국내 언론 및 저작물을 조사하여 공산권 정부 및 언론에서는 이승만을 '권력욕에 눈먼 미국의 앞잡이'로, 영미의 진보 언론에서는 '독재적이고 야심에 차고 반동적이며 무책임하고 잔인한 인물'로, 장준하는 '희대의 협잡꾼, 정치적 악한'으로, 신상초는 '교활하기 짝이 없는 철저한 에고이스트'로, 송건호는 '독립운동도 제가 대통령을 해먹으려고, 또 건국도 제가 대통령 해먹으려 했던 인물'로 그리고 레티모아(Owen Lattimore)는 '장제스(蔣介石)의 아류'로 낙인찍었다고 기술했다.

반면 올리비(Robert T. Oliver)는 이승만을 국가안보, 외교, 군사, 경제, 교육 등 다 방면에서 나라를 반듯하게 세운 위대한 대통령으로 평가했다. 올리버는 1942년부터 1959년까지 이승만 대통령의 자문과 홍보역을 맡은 미국대학 교수였고, 그래서 그런지 그의 이승만 평전은 국내에서 잘 안 알려져 있다.

(1)이승만 대통령의 치적

유영익(2006)은 1991년 소련 붕괴 이후 현대사 관련 자료가 공개됨에 따라 남북분단과 한국전쟁의 책임이 수정주의자들의 주장과는 달리 이승만이 아닌 스탈린과 김일성에게 있다는 사실이 밝혀진 후 국내 탈수정주의 사회과학자, 역사학자, 언론인들 간에 이승만을 새롭게 조명하려는 작업이 진행되고 있다고 주장했다. 그리고 그는 이승만의 업적 중 꼽을 만한 것을 다음과 같이 6가지로 나누었다. 각 분야별 주요내용을 간추리면 다음과 같다.

가. 정치분야 : (1)대한민국 건국 (2)대통령 중심제로 전환 (3)선거와 의회제도, 그리고 양 당제도 조장과 지방자치제도 도입 (4)언론의 자유

나. 외교분야 : (1)유엔으로부터 한국정부 승인과 한국전 개입유도 (2)한미상호방위조약 체결 (3)미국 도움으로 70만 대군 육성

다. 경제분야 : (1)지주 토지제 청산과 더불어 자작 농지 소유제 확립 (2)농업생산성 향상 (3)만성적 인플레이션 극복과 수입대체산업 육성

라. 교육분야 : (1)의무교육제도 도입 (2)문맹퇴치운동 전개 (3)중고등학교와 대학교를 증설 (4)해외 유학 장려

마. 사회분야 : (1)농지개혁을 통한 양반제도 척결 (2)교육과 취업에서 남녀 평등화

바. 문화종교분야 : (1)한글전용 (2)기독교 장려

저자도 유영익의 지적을 지지한다. 이승만 대통령은 걸출한 정치가며 외교가임에 틀림없다. 만일 그가 없었더라면 대한민국은 일찍부터 소련과 북한으로부터 적화통일 되었을 것이다. 그렇게 말하는 근거로는 미국은 소련과 함께 한국을 신탁통치하려 시도했고 또 소련과 협의하에 한국문제를 해결하려했다. 그러나 그는 일찍부터 스탈린의 야욕을 눈치 채고 반탁투쟁을 전개하고 유엔을 설득해 남한 단독정부를 탄생시켰다.

또 애초의 제헌국회대로 우리나라가 내각책임제를 택했더라면 우리나라는 수많은 정치적 혼란을 겪었을 것이다. 일본이 최근 잦은 정권교체로 국기(國紀)가 흔들리고 있다는 사실이 이를 증명한다. 이런 정치적 혼란 속에서 한국전쟁을 효과적으로 치를 수는 없었을 것이다. 그래서 그가 내각책임제를 대통령중심제로 바꾼 것도 현명한 일이다. 한미

상호방위조약의 체결도 이승만 대통령이 성취한 위대한 업적이다. 미국은 애초에 필리핀과 맺은 정도의 상호의무감이 낮은 방위조약을 원했다. 그러나 이승만은 휴전을 묵인하는 조건으로 상대국이 적침을 당하면 자동적으로 군사개입을 하는 강도 높은 상호방위조약체결을 성사시켰다. 이 조약 때문에 지금도 북한이 남한을 상대로 함부로 전쟁을 벌일 수 없는 것이다. 더불어 미국으로부터 군사원조를 얻어내어 70만 대군을 양성할 수 있었는데 이것도 그의 위대한 업적 중의 하나다.

이승만이 탁월한 외교가라는 것은 널리 알려진 사실이다. 그가 미국에 윌슨 대통령과 같은 고위층 정치인맥을 갖고 있기도 했지만 무엇보다도 그는 자주외교를 한 대통령으로 기억되어야한다. 미국의 원조를 받으면서도 비굴하지 않고 떳떳했고 자기주장을 굽히지 않았다. 예컨대 휴전회담에 반대하는 의사표시로, 그리고 미국을 압박하는 조치로 북한군 포로 2만 7천여 명을 석방시켰는가하면 저환율정책을 계속 유지했다. 미국이 환율의 부당성을 지적할 때마다 그는 북진통일을 해야한다며 미국의 휴전의도를 볼모로 잡아 저환율을 장기간 지속시켰다. 저환율정책은 수출은 별로 없고 막대한 수입을 해야 하는 한국으로서는 꼭 지켜야만 할 환율정책이었다.

대한민국이 공산화되지 않았던 것은 우리도 북한과 마찬가지로 지주소유제를 타파한 농지개혁을 단행했기 때문이다. 해방 전 농지 75%가 지주소유였던 것을 단숨에 소·자작농지로 바꾸었다. 이에 따라 양반 계층이 일시에 몰락하는 일석이조의 효과를 얻었다. 교육을 강조하고 해외유학을 독려한 것도 이승만 대통령의 혜안이었다.

요약하면 이승만 대통령은 우리나라 건국에 없어서는 안 될 중요한 인물이었다. 만일 그가 없었더라면 대한민국은 탄생되기 어려웠을 것이고, 탄생했어도 곧 북한에게 먹혔을 것이라는 것이 수많은 국내외 정치평론가의 해석이다. 그는 또 한국전쟁의 휴전을 마지못해 동의하는 조건으로 미국으로부터 막대한 경제적 군사적 지원을 받아 한국 경제성장의 토대를 구축하고 군을 막강하게 키웠다. 집권 말 그는 미국의 유명한 컨설팅 회사에 비싼 용역을 주고 경제개발 3개년 프로젝트를 작성했다. 그러나 그는 4·19학생혁명으로 이 계획을 실천하지는 못했다. 이 프로젝트가 박정희 대통령의 경제개발 5개년 개획의 밑그림이 되었다.

(2)이승만 대통령의 실책

이승만 대통령의 실책은 무엇인가? 1954년 '4사5입'이란 억지 근거로 개헌을 해 장기집권을 한 것, 장기집권에 따른 부정선거, 신흥재벌과의 정경유착. 거창 양민 학살사건, 국민방위군 사건 등이 그의 커다란 실책이다(유영익, 2006). 물가고가 심했고 대학생이 졸업해도 취업할 곳이 없었다. 3·15부정선거가 기폭제가 되어 4·19학생혁명이 일어났고, 그에 따라 이승만 대통령은 권좌에서 스스로 물러났다.

이승만 대통령이 평화선을 그어 독도를 포함해 우리나라의 영해를 확고히 지킨 것도 높이 평가해야한다. 그러나 그가 일본과 일찍부터 대일배상 청구권회담을 열어 배상금을 얻었더라면 우리나라의 경제는 보다 더 일찍 개발되었을 것이다. 일본은 한국의 저렴한 인력을 노려 한국과의 경협을 추진했지만 이 대통령이 너무 고자세를 취하는 바람에 성사되지 못했다. 다행히 박정희 대통령이 집권 후 배상금을 얻어냈지만 무상 3억 불, 유상 3억불은 이승만 대통령이 얻을 수 있었던 액수에 크게 못 미치는 것이었다.

이승만이 4대 대통령으로 입후보했을 때인 1960년에는 국민들이 그의 장기집권에 혐오가 극에 달했던 때였다. 그가 85세의 고령에 도달해 과거와 같이 국정을 친히 정열적으로 보살피지 못했고 이기붕과 같은 인기 없는 정치인에게 정권을 맡기었다. 국민들은 점차 늘어나는 권력 누수현상, 경제적 불만으로 정권교체를 갈망했지만 이승만 정권은 개혁의 의지가 전혀 없었다. 그래서 야당은 '못살겠다, 갈아보자'라는 정치구호를 내세웠으며 국민들로부터 많은 호응을 얻었다. 그래서 드디어 이승만 정권타도를 눈앞에 두었었다. 그러나 야당 대통령 후보인 신익희 씨가 선거 도중 뇌일혈로 사망해 정권교체가 무산되었다. 3·15 대통령선거가 부정선거로 밝혀짐에 따라 학생들 데모가 폭발했고, 드디어 4·19학생혁명이 발발해 이승만 정권은 무너졌다.

(3)이승만 대통령의 리더십

김호진(2006)은 이승만 대통령의 리더십을 '가부장적 권위주의'로 규정했는데 이보다는 카리스마 리더로 호칭하는 것이 더 적당할 것 같다. 카리스마 리더란 어떤 리더인가? 윌스에 따르면 베버(Max Weber)는 카리스마란 비범하고 초자연적이며 초인간적으로 간주되는 사람, 또는 최소한 예외적인 권력이나 자격을 지닌 사람의 자질로 정의했다(곽동훈 역, 1999). 따라서 베버의 카리스마 리더의 대표적인 사람은 예수, 석가모니, 모세와 같은 종교지도자들이다. 그들은 초자연적이며 전능한 사람들이었다.

그러나 초자연적이지는 않지만 아주 비범한 능력이나 자격을 지닌 일반 지도자들, 그래서 남을 압도하고 영도할 수 있는 지도자를 카리스마 리더라고 칭한다. 월스(1999)는 크롬웰, 나폴레옹, 처칠과 같은 지도자를 현대적 카리스마 지도자로 규정했다. 카리스마 리더는 국운이 쇠퇴하고 위기에 봉착했을 때 나타나기 쉽다. 크롬웰의 경우 전통적인 군주제가 쇠퇴하고 있었고 새로 등장한 의회주의적 질서는 곧 무너질 상황이었다. 나폴레옹 역시 왕의 몰락과 위태로운 군중혁명으로 나라가 위태로웠다. 나폴레옹이 이 와중에서 빛을 발하기 시작했다.

이승만 대통령도 해방 후 혼란기에 그 빛을 발했다. 해방된 조국이 신탁통치로 갈 것인지의 여부를 놓고, 그리고 남북 합작 정부를 세울 것인지 아니면 남한 단독 정부를 건설할 것인지를 놓고 국민들이 갈팡질팡할 때, 선구자적인 안목을 갖고 남한 민중을 지도했다. 그는 이에 그치지 않고 한 걸음 더 나아가 미국과 유엔에 스탈린의 음모를 주지시켜 드디어 대한민국을 창건할 수 있었다.

그가 카리스마 리더십을 발휘할 수 있었던 데는 또 다른 요소가 가미되었다. 그것은 당시 우리 국민의 문맹률이 78%였기 때문이다. 더 구체적으로 말하면 일제 식민통치 하에서 초등학교 졸업 이하가 전체 인구의 22%에 불과했고 전문학교 이상 대학졸업자는 전체의 0.2%였다(유영익, 2006에서 재인용함). 이런 문맹국에서 이승만 대통령은 1907년 워싱턴대학에서 학사, 1908년 하버드대학에서 석사, 그리고 1910년 프린스턴대학에서 박사학위를 취득했다. 그의 존재가 단연 돋보이고 영향력을 가질 수밖에 없었다. 그는 프린스턴대학 재학 시 윌슨 총장과도 교분을 가져 세계적 정치안목을 키웠다.

의회민주주의란 무엇인지, 양당체계가 무엇인지, 국회가 할 일이 무엇인지 제대로 알지 못했던 제헌국회의원들에게 이승만은 신격인 존재였고 무지한 일반 대중은 그의 후광에 압도당했다. 이런 민중과 추종자가 존재하는 곳에서, 그리고 앞에서 말한 바와 같이 국가가 위기를 맞이했으므로 당시 대한민국에서는 카리스마 지도자가 등장할 여건이 조성되었고, 그런 자격을 겸비한 사람이 바로 이승만이었다.

경무대(현재의 청와대)에서조차 영문 서류를 작성할 수 있는 사람이 몇 안 되었기에 이승만 대통령이 손수 외국과의 문서를 작성했다. 그런 영도자 밑에서 일하는 사람들은 그를 우러러 볼 수밖에 없다. 왜냐하면 그가 전지전능한 사람으로 간주되기 때문이다. 따라서 저자는 이승만의 리더십을 카리스마라고 칭하는데 주저하지 않는다. 그 이유는 당시의 국내 상황, 그리고 추종자의 특성은 이승만 대통령이 카리스마 리더십을 발아하고 이를 발휘하기에 필요충분한 조건을 갖추었기 때문이다.

현대의 리더십연구에서는 리더십이 세 가지 요소에 의해 결정된다고 본다. 그 세 가지는 첫째가 리더의 성격 및 자질이고, 둘째는 상황이며, 셋째가 추종자의 특성이다. 그런데 이승만은 그 자신 카리스마적 자질을 갖추었고 당시의 한국적 상황과 추종자들의 특성은 이승만이 카리스마 리더십을 발휘할 여건을 조성해주었다. 그래서 자연스럽게 이승만 대통령은 카리스마 리더로 등장한 것이다.

결론적으로 말해 이승만 대통령은 대한민국이 탄생하기 위해 꼭 필요한 존재였다. 그 이후도 대한민국이 북한 공산당으로부터 적화되는 것을 방지할 수 있었던 원인은 그가 호국대통령의 역할을 충실히 이행했기 때문이다. 그가 권좌에서 물러나기 몇 년 전부터는 국정을 탄탄히 챙기지 못했지만 그의 10년간 통치에서는 많은 치적을 세웠다. 국민의 교육수준을 높이고 다음 정권이 경제개발을 추진할 수 있는 토대를 마련했다. 앞에서 본 바와 같이 우리나라 역대 대통령 중 친인척 비리로 망신을 당한 대통령이 많은데 비해 그는 청렴했고 친인척 비리가 전혀 없었다.

그러나 그가 대일청구권 협상을 마무리 짓지 못한 것, 그리고 장기 집권욕에 사로잡혀 헌법을 개정하고 부정선거를 자행한 것은 그의 찬란한 공적에 비견해볼 때 옥의 티가 아닐 수 없다. 이런 옥의 티에도 불구하고 이승만 대통령은 한국의 국부라는 칭호를 받을 만하고, 아시아를 넘어 세계적인 리더 중의 하나로 간주될 수 있는 출중한 리더였다.

2. 박정희 대통령

박정희 대통령에 대한 평가도 이승만 대통령의 경우와 마찬가지로 극과 극을 달린다. 한쪽에서는 그를 한국의 민주주의의 새싹(아마도 4·19학생혁명을 염두에 둔 것 같음)을 짓밟고 장기 집권욕에 사로잡힌 독재자란 평가에서부터, '한강의 기적'을 이룩한 위대한 경제대통령에 이르기까지 양극이다. 재미있는 것은 박정희 대통령은 국내에서보다는 오히려 국외에서 더 칭송되고 있다는 사실이다. 중국의 경제개발을 주도했던 덩샤오핑이 박정희 대통령을 흠모하고 그의 경제개발 모델을 모방하였다는 것은 익히 알려진 사실이다. 아시아 및 아프리카의 개발도상국가에서도 앞 다투어 박정희의 경제발전 모델을 배워가고 있다. 그가 집권 초기에 벌인 '새마을운동'은 필리핀을 비롯한 아프리카 국가에서 농촌 근대화를 위한 프로그램으로 애용되고 있다.

이승만 대통령을 '건국 및 호국대통령'으로 명명한다면 박정희 대통령은 '경제개발 대통령'으로 간주하는데 무리가 없을 것이다. 그의 재임 기간 중인 1961년부터 1979년까지 연평균 GDP 10% 이상을 달성한 성과는 세계 경제사에 유일한 것이다. 그리고 2011년 우리가 무역 1조 달러의 위업을 달성해 세계무역실적 9위권으로 상승한 것도 사실은 박대통령이 재임시절에 육성한 자동차 산업, 철강 산업, 조선 산업, 그리고 중화학 공업 덕이다.

박정희 장군이 쿠데타를 일으킨 것에 관해서도 학자들 간의 의견이 서로 다르다. 어떤 학자들은 그가 한국정치사에 오점을 남긴 사람이라고 혹평한다. 그 이유는 장면 총리가 미처 국정을 장악하기도 전에 쿠데타를 일으켰기 때문이라고 한다. 조금 더 지켜보았더라면 장면 총리가 우리나라를 민주국가로 발전시켰을 것이라고 주장한다. 그러나 저자는 이에 반대한다. 4·19학생혁명이 성공해 이승만 정권이 퇴진하자 학생들의 정치개입은 점차 늘어갔다. 서울운동장에 학생들이 대대적으로 집결해 판문점에 가서 북한 학생들과 회담을 갖자고 성화였다. 그러나 장면 정권은 학생들의 데모를 저지할 능력이 없었다.

역사에 만일이란 가정은 존재할 수 없지만 만일 장면정권이 그대로 지속되었었다면 사회는 더 불안해졌고, 그로 인한 사회적 비용이 증가해 박정희 정권이 이루었던 것과 같은 경제발전은 기대할 수 없었을 것이다. 또 이북의 농간으로 남남갈등이 심화되어 우리의 정치 불안도 크게 고조되었을 것이다. 당시 북한은 한국보다 몇 배 더 잘 살았기 때문에 북한을 지지하는 친북파나 종북파도 우리사회에서 큰 힘을 발휘했을 것이다.

그러나 박정희 대통령의 통치기간은 민주정치가 핍박을 당하고 국민의 권리가 억눌린 그야말로 정치적 암흑기였다고 말해도 과언이 아니다. 중앙정보부의 악명은 국내외로 떨쳐서 중앙정보부라는 말만 들어도 울던 아이가 울음을 그칠 정도였다. 그의 위대한 세계경제사적 치적에도 불구하고 장기 군부독재정치에 불만을 품은 국민의 저항은 줄기차게 이어져 드디어 학생과 시민이 가세한 부산과 마산(소위 부마)사태가 발생하고, 측근인 김재규에 의해 암살당하는 비극이 발생했다.

박정희 대통령에 관한 저술은 아마 역대 대통령 중에서 가장 많을 것이다. 그의 재임기간이 길기도 했지만 그가 양극을 달리는 지도자였기 때문일 것이다. 전직 〈조선일보〉 기자였던 조갑제가 박정희 대통령의 일화 및 전기를 집약해 무려 13권의 장대한 평전(조갑제, 2007)을 저술했다. 최영은 '박정희의 사상과 행동'(1995)에서 박정희의 치적을 모두 부정적으로 평가하고 있는데 반해, 조갑제는 반대의 입장을 취하고 있다. 정치학자인 김호진(2006)은 박정희의 정치만을 분석해 그의 정치가 말년에 유신헌법까지 채택하는 최악의 상황으로 치달았음을 지적하고 있다. 그의 평이 정치학자로서 당연한 것일지 모르나. 그럼에도 불구하고 우리는 박정희 대통령을 정치적 잣대로만 평가하는데 많은 아쉬움을 갖는다. 그 이유는 앞에서 말한 바와 같이 그가 대한민국 경제의 초석을 다지고 빈곤을 탈출시킨 위대한 대통령임을 부정할 수 없기 때문이다.

따라서 저자는 앞의 이승만 대통령의 평가에서처럼 객관적인 사실을 위주로 그의 치적과 실정을 검토해보기로 한다. 그리고 마지막으로 이를 통합한 시각과 그의 리더십을 알아보기로 한다.

(1)박정희 대통령의 치적

그의 치적은 외교, 군사, 사회, 경제 등의 세 가지로 나누어 분석하기로 한다.

가. 외교분야 : (1)대일청구권을 위한 한일 회담성사 (2) 월남전을 계기로 한미군사동맹 강화

나. 군사분야 : (1)월남전 파병으로 한국군 실전경험과 한국군 현대화 성취 (2)주한 미군감축을 기회로 자주국방을 강조하고 국내 무기 생산에 착수함

다. 사회분야 : (1)농촌 새마을 운동을 추진하여 농민들의 자립심을 고취하고 이를 전 사회에 전파해 '조국근대화' 및 'Can Do Spirit' 정신을 함양함 (2) 경부고속도로를 건설해 국가 대동맥을 형성함

라. 경제분야 : (1)1962년부터 1987년까지 다섯 차례에 걸친 경제개발계획을 실시해 농업생산국에서 본격적인 중진국으로 발전시킴 (2)월남전에 참여하여 건설 회사의 능력을 향상시켜 이후 1차 오일쇼크 때 중동특수의 효과를 얻음 (3)대일청구권 자금의 일부를 포항제철건설에 투자하여 철강산업을 다지고 이를 토대로 자동차 산업, 조선 산업을 발전시킴 (4) 중화학공업을 육성해 무기수입대체효과를 얻음 (5)석유화학공업을 육성해 오늘날 석유화학 수출의 금자탑을 쌓음

(2)박정희 대통령의 실정

박 대통령의 실책은 정치, 사회, 경제의 세 가지 측면에서 살펴보자.

가. 정치 : (1)군부쿠데타로 얻은 비합법적 권력 (2)3선 개헌과 유신

헌법으로 장기집권 (3)유신헌법으로 3권 위에 군림함 (4)야당에
대한 무자비한 처벌, 김대중 납치 사건, 김영삼 가택감금사건, 인
혁당사건등을 통해 야당과 민주화추진세력을 무력화시킴 (5)국민
의 독재정치에 대한 분노를 외면하고 이를 강압적으로 저지해 그
의 말년 부산, 마산에서 시작된 데모가 전국으로 확산되었음 (6)
언론과 노동조합을 탄압함

나. 사회 : (1)공포정치 행사, 중앙정보부 만행이 국민에게 불안감을
줌 (2)학원을 탄압함 학생들의 한일회담반대, 유신헌법 반대투쟁
을 무자비하게 저지함 (3)퇴역군인을 고위직에 임명함, 문관이 아
닌 무관사회를 형성함 (4)국민의 결사 및 표현의 자유를 억압함

다. 경제 : (1) 차관을 통한 재벌과의 정경유착이 깊어짐 (2) 중소기업
보다는 대기업을 중시 함 (3)취임 초 화폐개혁을 단행해 지하경제
를 제거하려했으나 실패해 서민 경제를 피폐케 함 (4)수출지향 경
제를 통해 농업이 부실하고 이농현상이 심화 함

이상으로 간단하게 박 대통령의 치적과 실정을 조감했다. 그런데 여
기서 같은 사건을 놓고도 어떤 사람은 이를 실정으로 반면, 어떤 사람
은 현명한 판단으로 평가하는 경우가 있다. 예컨대 박 대통령의 월남
전 참전결정이 그렇다. 어떤 학자(예컨대 최영, 1995)는 월남전을 미국
의 압력에 의한, 또는 미국의 한국전쟁에 대한 피치 못할 보답으로 저
평가했다. 반면 어떤 학자(한승조, 1992)는 그것이 한국군 현대화와 경
제계획에 필요한 자본형성, 그리고 그 이후 중동특수에 기여한 점을 들
어 훌륭한 판단으로 평가한다. 저자는 후자의 평가가 더 옳다고 생각한

다. 그 이유는 집행된 정책은 어느 한 시점의 한 측면만을 봐서는 안되기 때문이다. 다양한 측면과 그것이 후에 초래한 결과도 동시에 감안해야한다.

대일청구권 회담에서 박 대통령이 받아낸 무상 3억 불, 유상 3억 불도 어떤 학자의 평가에 의하면 적은 액수다. 이 배상으로 한국은 일본이 자행한 36년간의 모든 정신적, 경제적 손실에 대한 보상을 포기하기로 야조했다. 그러므로 이 한 측면만 고려한다면 그것은 터무니없이 적은 보상이다. 그러나 그것이 제1차 경제개발계획을 수행하는데 밑거름이 되었다는 점에서 그 회담은 성공적이란 평가를 받아야한다. 지금 북한이 일본으로부터 배상금으로 요구하고 있는 액수는 30억 불이다. 언뜻 보아 이 보상액은 커 보인다. 그러나 이것은 현 시세로 환산할 때 우리 것보다 훨씬 적은 액수이다. 그리고 북한이 이 자금으로 우리가 계획한 경제개발을 추진하기에는 턱없이 부족한 돈이다. 따라서 결과적으로 계산해 볼 때 박정희 대통령이 합의한 대일청구 배상액은 그리 적은 액수는 아니었다.

한승조(1992)는 박대통령의 몇 가지 중대한 실책을 그의 조국 근대화를 위한 집념과 국제정치의 급변으로 인한 특수상황에 귀인하고 있다. 즉 박정희 대통령이 3선 개헌을 단행한 것은 이제 막 도약하기 시작한 한국경제를 보다 더 굳건히 발전시키겠다는 그의 야심의 발로로, 그리고 유신은 미국의 닉슨 정부가 중국과 화해하고 주한미군을 철수시키려는 시점에서 국가안보가 절실하다고 판단했기 때문이라고 풀이한다. 또 남북대화가 시작되었으므로 북한의 경직된 집단체제에 효율적으로 대처하려면 우리에게도 새로운 체제가 필요하다고 생각했기 때문으로 해석했다.

그러나 적지 않은 학자들이 유신헌법은 필수불가결한 것도 아니고 이는 오히려 그가 자청해서 독배를 든 격이라고 평한다. 왜냐하면 그가 3선 대통령이 된 것이 71년이었고, 바로 3선 임기가 시작한 다음해에 유신을 선포했기 때문이다. 아직 임기가 3년이 더 남은 상황에서 그가 조급히 유신을 선포할 필요는 없었다고 이들은 주장한다. 저자는 그가 마지막 선거에서 김대중 대통령후보에게 아슬아슬하게 몇 십만 표차이로 신승한 것, 그리고 선거에 소요되는 천문학적인 비용 등을 고려해 유신체제를 구축했을 것으로 짐작한다.

결국 박정희 대통령을 한 마디로 평가하기는 대단히 어렵다. 그가 이룩한 빛나는 경제업적을 살펴보면 그는 우리가 배출한 9명의 대통령 중 제일 위대한 대통령, 그리고 세계에서도 추앙하는 세계적 지도자로 평가되어 마땅하다. 그러나 그의 어두운 면, 특히 공포정치를 생각하면 그가 독재자이고 장기 집권욕에 사로잡힌 지도자라는 인상을 지울 수 없다.

(3)박대통령의 리더십

리더십은 그것이 행사되는 곳이 정치냐, 기업이냐, 아니면 연구기관이냐에 따라 요구되는 리더십이 다르다. 그러나 저자는 어떤 상황에서든지 리더가 갖추어야할 자질이 있다고 생각한다. 그것은 다음 여섯 가지이다. 첫째는 용기이고, 둘째는 지혜이며, 셋째는 비전 또는 신념이고, 넷째는 부하의 능력평가이고, 다섯째는 포용력이며, 여섯째는 자제 및 절제다. 그런데 이승만 대통령은 여섯 가지 중에서 다섯째와 여섯째

능력이 부족하지만 나머지 능력은 출중한 리더이다. 그래서 이승만 대통령은 카리스마 리더인데 카리스마 리더에게는 포용력이 필요 없다. 그의 빛나는 후광 때문에 추종자는 그의 명령을 따르기 마련이기 때문이다.

박정희 대통령은 위의 여섯 가지 자질 중 마지막 한 가지가 결여되었다. 박정희 대통령의 리더십은 전형적인 독재형 리더다. 모든 의사결정권을 자기가 쥐고 부하에게 명령한다. 그러나 이승만 대통령과는 달리 그는 포용력을 구비하고 있었다. 포용력이란 상대방을 자기 사람으로 만드는 능력이다. 그가 술을 좋아하고 마음 맞는 부하들과 자주 어울린 점에서 그의 포용력을 엿볼 수 있다. 또 어차피 군대의 지휘관은 어느 정도의 포용력을 갖추지 않으면 지휘력을 행사할 수 없다.

박정희 대통령은 용기를 가진 리더다. 그가 한일회담을 성사시킨 것은 그에게 용기가 있었기 때문이다. 대일배상금을 타내기 위한 한일회담은 사실 이승만 대통령 재임 시부터 시작되었고 이는 장면 정권 때까지 이어졌다. 그러나 장면 정권 때 하도 반대여론이 드세어 이를 포기했다. 박정희 대통령은 대학생들의 거센 반대에도 불구하고 한일회담을 성사시켰다. 4·19학생혁명 때 못지않은 반대데모가 연일 터졌으나 박정희 대통령은 이를 묵살하고 회담을 강행시켰다. 회담이 끝났어도 학생들은 굴욕외교라고 대규모의 데모를 벌였다.

그는 지혜롭고 또 비전과 신념을 가진 지도자였다. 경부고속도로 건설계획을 세우자 야당 지도자인 김대중과 김영삼, 그리고 많은 지식인들이 이 계획에 반대했다. 차도 없는 나라에서 고속도로는 사치품에 불과하고 우리에게 당장 필요한 것은 제조공장이라고 주장했다. 이런 주장은 일반인들에게도 먹혀들어갔다. 그러나 박정희 대통령은 반대를 무릅쓰고 기어이 2년 반 만에 경부고속도로를 완성했다. 그리고 그의 판단은 적중했다.

고속도로는 물류를 원활히 한다. 물류가 원활하면 상품제조가 활발해지고 물건 값이 싸진다. 더불어 여러 가지 인적, 사회문화적 교류가 활발해진다. 시골사람들이 서울의 문명을 흡수하고 머리가 깨어난다. 즉 고속도로로 인한 경제 외적 효과가 경제적 효과보다 더 커진다. 그런데 공장 몇 개를 지어보았자 그런 효과는 나타나지 않는다. 지금 북한의 도로사정을 살펴보면 박정희 대통령이 선견지명을 가졌다는 사실을 잘 알 수 있다. 북한은 철도밖에 없고 도로시설이 낙후되어있다. 그래서 서울에서 평양까지 가려면 거의 반나절이나 걸린다. 그러나 우리는 현재 6시간이면 서울에서 부산까지 간다.

박정희 대통령은 이승만 대통령 못지않게 지능이 높은 지도자다. 이 대통령은 배재학당 수학, 미국선교사의 가르침, 그리고 미국유학 등으로 높은 지혜와 학식을 갖추었다. 이에 못지않게 박정희 대통령은 대구사범, 만주군관학교, 일본 육사에서 우수한 성적을 얻어 그가 지능이 높고 또한 높은 학식을 갖춘 지도자임을 알 수 있다. 그는 군대생활을 통해 두 가지 능력을 첨가했다. 하나는 행정능력이고 또 하나는 부하능력의 평가이다. 그는 이승만 정권 때 길러진 유능한 관료들을 삼고초려 해 각료로 임명했다. 그리고 기업체도 그의 성격에 맞는 기업을 골라 지원했다. 현대의 정주영 회장이 박정희 대통령과 죽이 잘 맞은 이유는 두 지도자가 '잘 할 수 있다'는 소위 'CAN DO SPIRIT' 정신을 공유했기 때문이다.

정리한다면 박정희 대통령은 이승만 대통령과 마찬가지로 미리 준비된 대통령이었다. 이들은 좋은 교육을 받았고 실전에서 경험을 쌓았다. 박 대통령은 군인출신이라 그의 리더십을 민간조직의 리더십으로 분류하기는 어렵다. 김충남(1998)은 박정희는 전투지휘관의 리더십이 아닌 행정가형의 리더로 분류한다. 그가 행정가 형의 리더십을 갖게 된 것은 일본육사에서의 교육, 그리고 일본인들의 깐깐한 행정 탓이라고 주장했다.

우리가 두 독재자 때문에 치른 대가도 크지만 이 두 지도자로부터 받은 은혜도 크다는 것을 잊지 말아야한다. 보릿고개의 궁핍을 면하게 해준 것은 박정희 대통령이었고, 대한민국이 탄생하고 우리가 적화당하지 않은 것은 온전히 이승만 대통령의 덕이다. 그러나 이 두 대통령은 저자가 열거한 여섯 번째 지도자의 자질, 즉 '자제 및 절제'가 부족해 결국 강제로 퇴임당하거나 시해되었던 것이다.

3. 전두환 대통령

앞의 두 대통령에 비해 전두환 대통령에 관한 치적이나 실정에 관해 쓴 책이 적다. 그의 재임기간이 국보위시절까지 합하면 8년으로 박정희, 이승만 대통령 다음으로 긴데도 그렇다.

그는 재임기간 중 하극상을 벌여 참모총장 겸 계엄사령관인 정승화 장군을 해임하고 광주항쟁을 무력으로 진압했다. 이로 인해 국민의 지탄을 받았고 말년에는 재벌로부터 거액의 정치자금을 사취한 죄, 그리고 광주항쟁의 책임을 물어 헌정사상 처음으로 대통령이 국회 청문회에 출석하여 추궁을 받았다. 이것이 소위 '5공 청문회'다. 5공 청문회는 실속 없는 청문회로 끝나 노태우 대통령은 국민들의 아쉬움을 달래기 위해 그를 백담사로 유배했다. 그래서 그는 재임기간은 물론 퇴임 후에도 국민에게 인기가 없는 대통령이었다. 특히 그가 편취한 비자금을 반환하라는 재판결과에 불복하여 아직도 추징금 몇 천억 원을 갚지 않아 뻔뻔한 대통령으로 지목되고 있다.

김대중 정권이 들어선 이후 광주민주화운동은 3·1운동에 버금가는 풀뿌리 항쟁으로 격상시켜 전두환 대통령은 국민들로부터 박정희 대통령보다 더 무자비한 독재자로 각인되고 있다. 잠깐 광주민주화운동이 어떤 것인가를 알아보자. 김재규의 박 대통령 시해사건이 벌어진 1979년 10월 26일 이후 국가통솔력이 무너지고 정치공백상태가 지속되었다. 그러자 전두환 보안사령관이 정승화 계엄사령관을 체포하는 12·12사태가 발생한다. 이에 학생과 국민들이 연일 대모를 벌여 사회가 큰 혼란에 빠졌다. 그래서 전두환은 계엄을 전국으로 확대하고 국회와 정당을 해체하는 소위 5·17 비상계엄확대조치(1980년)를 단행했다. 이를 통해 국회와 정당을 해산하고 야당 지도자 김종필, 김영삼, 김대중을 거세하고 국보위를 탄생시켰다. 이에 대한 반기로 국민들의 저항이 거세졌고 1980년 5월 18일부터 10일간 광주에서 시민들이 시청을 점령하는 소위 광주항쟁이 발생한다. 이 항쟁에서 약 200여 명의 광주시민이 피살되었다(김호진, 2006).

전두환 대통령은 삼청교육대 사건으로도 유명하다. 삼청교육대 사건이란 사회정화운동의 일환으로 폭력배를 일소하기 위해 시중의 폭력배를 무조건 체포하여 집단교육을 시킨 것이다. 이 과정에서 무고한 사람들이 체포되었고, 그 교육이 군대 교육이상으로 엄한 교육이어서 삼청교육을 받은 사람으로부터 많은 원성을 샀다.

그의 언론정화방법도 많은 비난을 받았다. 언론을 정화한다는 미명 아래 172종의 정기간행물을 폐간하고 870명의 언론인을 해직시켰다. 이어 언론기관을 통폐합하면서 〈동아방송〉과 〈TBC〉도 문을 닫게 만들었다.

이렇게 전두환 대통령은 사회정화를 한답시고 여러 가지 과격하고 불법적인 정화운동을 추진했다. 그리고 그런 무리한 정화운동 때문에 사회곳곳으로부터 원성을 샀다. 그래서 재임기간 중은 물론 재임 후에도 제일 인기가 없는 대통령으로 간주되었다.

그러나 일부 학자들과 시민들은 전두환 대통령을 다른 시각으로 보고 있다. 이런 시각이 그렇게 많은 사람으로부터 호응을 받는 것은 아니지만, 그것이 일리가 있는 것인지를 우리가 냉철하게 따져볼 필요가 있다. 이제 그런 시각을 몇 가지 소개해보기로 하자.

많은 사람들이 전두환 대통령은 정치군인이었고 그래서 그가 10·26 사태를 기화로 정권을 잡은 야심가라고 혹평한다. 그러나 한승조(1992)는 그가 처음부터 정치적 야심을 가지지는 않았다고 평한다. 그에 따르면 전두환은 10·26사건을 조사하기 위해 합동수사본부장을 맡아 그 수사과정에서 정승화 계엄사령관을 조사하지 않을 수 없었다. 5·17 비상계엄도 군부 지도층의 합의에 의해서 행해진 것이다. 그가 최규하 대통령을 사임시키고 국보위를 조직한 것은 정치적 혼란에 불안을 느낀 군부 지도층의 합의에 따른 것이다.

일반인들의 삼청교육대에 대한 평가도 상반된다. 어떤 사람들은 그것이 비민주적이었고 불법적인 처사라고 비난하지만, 어떤 사람들은 당시 사회에 조직 폭력배가 기승을 부려 시민들이 공포에 떨고 있었다. 그런데 전두환 대통령이 폭력배 소탕작전을 벌여 사회기강을 바로 잡았다. 그래서 그 사건은 칭찬받아야한다.

언론 통폐합에 관해서도 의견이 분분하다. 일부는 언론 통폐합은 불법적인 것이라고 혹평을 하지만 일부에서는 몇몇 유력 신문사를 제외하고는 여러 신문사들, 특히 지방의 많은 신문사들이 기자에게 월급도 주지 않는 부실인 경우가 많았다. 그런 신문사 기자들이 호구지책으로 기업이나 민간단체를 위협하여 금품을 갈취하는 경우가 많았는데 언론 통폐합으로 이런 사회악이 일소되었다.

여기서 우리는 누구의 주장을 받아들여야하는가? 이 평가는 국민 각자가 자신의 가치관, 신념, 정치적 태도에 따라 다르게 할 수 있기 때문에 우리가 누구의 주장을 따라야한다고 일률적으로 말할 수 없다.

다만 여기서 저자의 사견임을 전제로 전두환 대통령을 평가한다면 저자는 그가 본래부터 정치에 관심이 많았던 군인이라고 주장하고 싶다. 그렇게 생각하는 이유는 그가 5·16 군사혁명이 발발하자 박정희 대통령을 만나러 간 사실, 그리고 육사생도를 이끌고 군사혁명을 지지한 사실이 있기 때문이다. 이런 일련의 사건을 기화로 그는 박 대통령 생존 시 청와대 경호실 차장을 역임할 수 있었고, 동기생 중의 선두주자로 나설 수 있었다. 따라서 그가 5·17 조치를 취한 것, 12·12 사태를 일으킨 것, 그리고 국보위를 조직한 것이 자신의 영위보다는 군 동료의 압력에 의한 불가피한 조처였다는 해석은 설득력이 부족하다.

삼청교육대 사건은 시도는 좋은 것으로 평가할 수 있다. 당시 기승을 떨던 조직폭력배를 일소한다는 의미에서 출발했기 때문이다. 그러나 그 과정이 불법적이었고 비민주적이었다. 사회악을 일소한다는 미명하에 60,755명을 불법 체포 구금했고 이 중 A급은 군재에 회부했다. B, C급으로 분류된 39,742명은 삼청교육대로 끌려가 혹독한 훈련을 받았으며 이로 인해 54명이 사망했다. D급 17,717명은 훈방되었다(김호진, 2006).

전두환 대통령의 언론통폐합도 같은 식의 평가를 할 수 있다. 부실 신문사, 재벌 방송기관을 정화했는데 그 시도는 역시 좋은 것이었다. 그러나 그 과정이 너무 허술했다. 〈TBC〉를 없앤 것처럼 꾸몄으나 사실 〈KBS2〉를 새로 창설하여 방송인을 그곳으로 이동시킨 것뿐이다. 이제 전두환 대통령의 치적과 실정을 살펴보기로 하자.

(1) 전두환 대통령의 치적

그의 치적은 경제와 외교 두 문제에 국한하기로 한다.

가. 경제 : (1)제1차 오일쇼크를 이겨냄 (2)재임기간 중 평균 10%의 경제성장율 지속 함 (2)물가관리의 성공, 재임기간 중 5% 내외의 물가관리 (3)반도체 산업육성 (4)전자통신산업육성, 값싼 전화기 공급으로 각 가정에 전화가설이 가능해짐 (3)만성 무역적자국에서 최초로 1987년 114억 달러 무역흑자를 달성함

나. 외교 : (1)미국과의 긴밀한 협조지속, 주한 미군철수 백지화 (2)세일즈 외교전개, 동남 아, 아프리카 등 제3세계와의 폭넓은 외교로 수출지역 확대 (3)한일 외교 활성, 일본으로부터 경제차관 40억 달러 도입 (4)88하계올림픽을 유치하여 국위를 선양하고 국민의 염원을 이룩함

(2)전두환 대통령의 실정

그의 실정은 정치, 경제, 언론, 노동, 사회의 다섯 가지로 나누어 살펴볼 것이다.

가. 정치 : (1)12·12 군부쿠데타로 권력을 잡음 (2)대통령선거와 국회의원 선거도 유신 정권과 마찬가지로 간선원칙, 비경쟁적으로 실시함 (3)군인들을 대폭 고급 공무원으로 입각시켜 군부 엘리트 집단이 국가를 운영하게 함 (3)정당을 관리하여 진정한 야당이 존립하게 어렵게 만듦 (4)보안사, 중앙정보부가 민간 주요 기관에 상주하여 감시함

나. 경제 : (1)정경유착이 심화되었고 말을 듣지 않는 기업은 폐쇄함 (국제그룹) (2)노동조합을 탄압하여 제3자 개입을 금함. 기업에 노사위원회를 두었지만 사 측에 호의적인 노가 대표인 경우가 많았음

다. 언론 : (1)언론 통폐합으로 수많은 신문사가 폐간되고 주요 방송사도 정지당함 (2) 언론을 감시하는 요원을 언론사에 배치하여 언론을 통제함

라. 사회 : (1)사회정화운동을 펼치면서 인권을 유린함(예; 삼청대교육) (2)청소년의 장발을 강제로 짧게 깎는 등 인권을 무시함 (3)무능 공직자를 소탕한다는 취지 하에 공무원을 강제 퇴직시킴 (4)친인척의 비리가 발생했고 스스로 비자금을 착복함

위에 내용을 살펴보면 전두환 대통령은 치적은 별로 없는데 비해 실정이 많은 것 같다. 그러나 여기서 몇 가지 짚고 넘어가야할 사실이 있

다. 그것은 그의 재임기간 중 경제성장률이 10% 이상을 유지했고 물가를 확실히 잡았다는 점이다. 재임기간 첫해부터 제2차 오일쇼크 (1979~1981년)가 밀려닥쳐 1980년 경제성장이 마이너스로 돌아서고 (GDP -2.6) 물가는 28.8%나 상승했다. 설상가상으로 1980년 초 우리나라에 외환위기가 발생했다. 1979년 외채잔액이 203억 달러였던 것이 85년 말에는 568억 달러로 증가하였다. 그 원인은 3고(고금리, 고유가, 고달러)에 기인한다(박진근, 2000). 그래서 유럽 채권단이 더 이상 한국에 돈을 빌려주지 않기로 결정하였다. 전두환 대통령은 김재익 청와대 경제수석을 급파하여 채권단을 설득하여 간신히 외환위기를 넘겼다.

전두환 대통령은 외환위기를 극복하고 물가를 확실하게 잡았다. 앞에 말한 3고 경제현상 때문에 소비자 물가상승률이 1978년 14%, 1979년 18%, 1980년 29%, 그리고 81년에 22%에 달했다. 그러나 전 대통령은 1982년에 이를 7%로 안정시키고 1985년부터 1988년까지 연평균 2.7%라는 사상최대의 물가안정기를 이룩했다(박진근, 2000). 그가 고성장을 유지하면서 3고 경제시대에서 저물가를 달성할 수 있었던 것은 유능한 경제수석을 발탁한 덕이다.

그는 대통령에 취임하면서 김 특보에게 경제를 가르쳐달라고 했다. 그런데 후에 김 특보의 부인인 이순자 여사가 〈월간동아〉에서 회고한 바에 따르면 전 대통령이 머리가 우수했다고 한다. 시중에서 전 대통령이 '석두'라고 회자된 것과는 사실이 다르다. 그리고 전 대통령은 경제는 김 수석이 알아서 다 처리하라고 전권을 위임했다. 그 결과 전 대통령 시절 한국경제는 박정희 대통령시대를 이어 고속 성장을 지속할 수 있었다.

전두환 대통령이 5·17조치와 국보위를 탄생시킨 것은 우리에게도 일 말의 책임이 있다. 1979년 10·26사건이 발생한 후 1980년 정치활동이 재개되자 3김은 각축전을 벌이고 학생과 노동자들의 데모는 더욱 가열 되었다. 사회가 혼란스럽고 경제는 곤두박질치기 시작했다. 야당정치가 나 학생들은 지난 18년간의 박정희 대통령의 독재정치에 짓눌려 정치 세력을 조직하고 힘을 규합할 능력이 부족했다. 그래서 정치가와 학생 들이 민주정부를 탄생시키기 위한 구심점을 찾지 못하고 좌왕우왕했다. 그 결과 사회가 점점 더 불안해지고 국민들은 나라걱정을 하기 시작했 다. 이런 불안 심리를 이용하여 전두환 계엄사령관은 5·17조치를 취하 고 5월 말에는 국보위를 탄생시켜 실질적으로 최고통치자로 군림하게 된다. 그 후 광주민주화운동이 발발했고 불과 10일간의 항쟁이었지만 사회는 극도로 불안해져 북한에서는 스파이를 대량 파견하여 시위를 선 동하였다. 국민들은 북한이 오판하여 남침하지 않을까 전전 긍긍했다.

이런 극도의 혼란을 평정한 것이 전두환 대통령이라고 말하면 5·17 조치와 국보위를 정당화하는 모양새가 될 것이다. 저자는 그의 비민주 적 정권탈취를 미화할 의도는 전혀 없다. 그리고 그의 독재적 통치도 정 당화할 수 없다고 본다. 그러나 박정희 대통령이 서거한 후 우리사회의 정치공백은 너무 심대했고 그로 인한 사회불안은 전 국민을 공포에 떨 게 만들었다. 지각이 있는 국민들은 이 혼란을 결코 방치해서는 안 된다 고 생각하고 있었지만 그 뾰족한 대안을 3김과 학생들에게서 구할 수는 없었다. 정치인은 대권욕에 사로 잡혀있었고 학생들은 너무 흥분한 상 태였다.

당시 한국이 처한 경제상황도 전두환이 집권하는데 영향을 주었다.

그렇게 생각하는 이유는 고성장을 유지하던 한국의 경제성장률이 제2차 석유파동으로 1979년에 7%로 둔화하고 80년에는 −2.6%로 급랭했기 때문이다. 앞에서 본 바와 같이 물가상승율도 1978년부터 급상승했다. 이렇게 한국경제가 세계경제의 위축으로 급락하고 물가는 천정부지로 상승함에 따라 국민들은 정치와 사회의 안정을 최우선시했고, 그에 따라 전두환의 집권을 반기지는 않았어도 묵인하는 풍조가 감돌았다.

또 지난 18년간 박정희 대통령의 치하에서 물들어진 국민들의 암묵적 태도도 일조했을 것이다. 박정희 독재정권이 무섭기는 했지만 국민들의 살림을 풍족하게 만들어 주었기 때문에 일반 대중은 박정희 독재체제에 순응되었다. 저자의 사견이긴 하지만 "빵만 준다면 자유가 적어도 좋다"는 생각을 가진 사람도 적지 않았을 것이다. 이런 저자의 생각은 다음 노태우 정권이 6·29민주화 선언 이후에도 어떻게 대통령이 될 수 있었는가를 잘 설명해 준다.

여하튼 전두환 대통령은 천신만고 끝에 집권하였지만 그는 집권 초기부터 외환위기와 2차 오일쇼크에 봉착했다. 그러나 수출 및 투자활성화를 위한 세제 및 금융지원과 환율조정 등의 조치를 취해 1986년부터는 다시 옛날의 호황시대를 열었다(박진근, 2000). 즉 전두환 대통령의 큰 업적을 간과해서는 안 되며 그가 꺼져가는 한국경제를 되살린 공적이 크다.

(3)전두환 대통령의 리더십

전두환 대통령과 박정희 대통령은 모두 군인이었다. 따라서 그들이 민간정부의 수반이 되었어도 그들의 정체는 여전히 군인이었다. 군대

조직이란 민간조직과 달리 여러 가지 유형의 리더십이 존재하지 않는다. 군대에서는 상관이 모든 것을 결정하고 부하는 그 명령을 따르는 지도체계 또는 명령체계가 있을 뿐이다. 구태여 민간기구의 리더십에 견주어 본다면 그들의 리더십은 독재적, 전제적 리더십이다. 즉 박정희 대통령이나 전두환 대통령은 모두 독재적 리더이다. 따라서 군인의 리더십을 따로 분류하는 체계는 없다.

다만 지휘자의 성격특성을 감안하여 그를 지휘관형, 행정가형, 참모형으로 분류하기도 한다. 앞에서 말한 바와 같이 박 대통령은 행정가형이다. 그는 전투사령관으로 재직한 적이 없고 군 행정에서 능력을 발휘했다. 한편 전두환 대통령은 미국 특수부대 수학, 월남전 참전, 군사령관을 역임했다. 그래서 김충남(1998)은 그를 지휘관형 지도자로 분류한다. 전두환 대통령의 성격도 괄괄하고 적극적이며 주도적이어 김충남의 해석은 옳다.

저자는 앞에서 리더의 자질로 6가지를 언급한 바 있다. 그리고 박 대통령은 자제 및 절제만 부족하고 다섯 가지 리더십 자질을 다 포함하고 있다고 말했다. 전두환 대통령의 경우는 어떤가? 그도 박 대통령과 마찬가지로 자제 및 절제가 부족하고 나머지 5가지 자질은 모두 겸비한 것으로 평가할 수 있다. 어떤 사람은 그가 과연 지혜와 비전, 또는 신념을 가지고 있었는가 반문할 수 있다. 그러나 그가 10·26 사태 후 벌어진 정치적 공백상황에서 사회혼란을 수습하고 군을 결집시킨 것은 지혜로운 리더임을 시사한다. 또 고 김재익 특보의 부인이 증언한 것처럼 그는 머리가 우수한 사람이었다. 그가 신념과 비전을 갖고 있었기에 경제를 계속 고속 성장시킬 수 있었다. 그리고 그에게는 무엇보다도 부하들로부터 복종을 끌어내는 포용력과 지휘능력이 있었다. 그래서 그는 12·12사태를 주도할 수 있었다. 만일 그가 부하로부터 지원을 받지 못했다면 성공하지 못했을 것이다.

나쁜 방법이었지만 그의 비자금이 수천 억 원에 달하지만 아직도 발견되지 않은 것은 비자금을 부하들에게 나누어 관리시켰기 때문이라는 설이 나돈다. 부하로부터 사랑을 받고 반대로 부하에게 영향력을 행사할 수 있는 그의 지도력은 그 어느 전직 대통령보다 더 탁월했다는 것이 저자의 주관적 판단이다. 그는 군대식으로 표현하면 지휘관형 리더이고 민간조직 식으로 명명한다면 보스형 지도자다.

전두환 대통령의 제일 큰 실책은 재벌기업으로부터 소위 정치헌금으로 찬조받은 거액의 비자금을 편취하고 이를 국고에 반환하지 않았다는 데 있다. 이승만 대통령이나 박정희 대통령이 똑같이 독재자로 낙인 찍히면서도 그런대로 국보로 간주되는 이유는 두 대통령이 개인적으로는 청렴결백했기 때문이다. 비록 두 대통령의 수하가 부정을 저질렀고 축적을 했지만 그들 자신이나 친인척은 절대로 부정과 축재에 휘말리지 않았다. 그러나 전두환 대통령은 자신이 부정축재를 했고 친인척도 마찬가지였다. 그래서 전두환 대통령이 국가혼란을 막고 경제를 잘 운영했다는 호평을 받고 있지만, 부정 때문에 국민으로부터 존경받는 대통령으로 간주되기는 어려운 것이다.

4. 노태우 대통령

노태우 대통령의 치적과 리더십을 알려면 먼저 노 정권이 탄생하게 된 계기를 살펴보아야한다. 정치풍토정화법을 통해 해금된 재야정치인들이 1985년 신한민주당을 창당하고 그해 2·12선거에서 제1야당으로 등장했다. 야당이 전두환 정권의 정통성 문제를 거론하고 개헌을 주장하였다. 재야정치인들과 학생들의 민주화 요구가 열기를 띄우기 시작했고 전두환 정권은 개헌을 선언했다가 중도에 이를 취소했다(국회가 합의하는 조건으로 개헌수락을 했지만 국회합의가 이루어지지 않았다는 이유로). 그러나 국민의 반대가 심해지자 결국 전두환 대통령은 6·29선언을 통해 개헌을 약속했다. 이 선언에 따라 1987년에 5년 단임의 대통령 직선제의 새 헌법안이 국회를 통과했다.

1987년 12월에 치러진 제13대 대통령 선거에서 노태우 후보가 36.6%로 당선되었다. 그가 12·12사태의 주역 중의 한 명이었던 점에 비추어 보면 당선은 놀라운 것이었다. 물론 야당후보들이 난립해 3김이 모두 출마했기 때문에 표가 분산된 것이 당선의 제일 큰 원인이었다. 그러나 그가 25%(후보자 4인의 득표가능 확률)로 당선된 것이 아니라 36.6%로 당선되었다는 사실은 6공화국 탄생 시기에서조차 아직 국민은 나라의 안정과 경제성장을 더 원했었다는 것을 시사한다.

저자는 앞의 전두환 정권이 탄생하게 된 원인이 12·12사태가 성공하고 5·17조치 때문이라고 설명했지만, 동시에 적지 않은 국민이 그의 정권탄생을 묵종했을 것이라는 추측을 했다. 그리고 그 암묵의 원인을 국민들이 정치적 안정, 그리고 경제발전을 중시했기 때문이라는 사견을 피력했다. 이러한 저자의 견해는 전두환 정권이 퇴진한 후 바로 치룬 민주주의 방식의 대통령선거에서도 노태우 후보가 36.6%란 예상외의 득표를 했다는 사실로 미루어 볼 때 신빙성이 있다. 만일 우리가 군인출신의 정치를 더 이상 바라지 않았다면 노태우 후보는 당연히 25% 이하의 득표 아니면 10% 정도의 지지율을 받아 마땅히 낙선했어야한다. 그러나 그가 의외의 높은 득표율을 보였던 것이다. 아마 80년대 말 우리사회에서도 중산층이 형성되고 이들이 혁신보다는 보수주의적 태도를 취했기 때문에 이런 선거결과가 도출되었을 것이다.

김호진(2006)은 노태우 대통령의 정치를 여당인 민정당이 통일민주당, 신민주공화당과의 소위 3당 통합을 이루기 전인 1990년 2월 전과 그 이후의 두 시기로 나누어 살펴보고 있다. 그는 전반기는 야대여소의 국회가 탄생해 야당이 요구한 5공 청산문제, 그리고 청문회사건으로 정부가 기능을 하지 못하는 국정마비현상이 초래되었다고 주장했다. 반면 후반기는 거꾸로 여대야소의 국회가 형성되어 국정이 회복되었지만 거대 여당이 독주하고 그에 못지않게 당내분쟁이 심했다고 논평했다.

노태우 정권은 '보통 사람들의 위대한 시대를 연다'라는 슬로건을 내세워 과거 정권과의 인연을 청산하려 노력하였다. 구체적으로 독재시대의 권위주의를 배격하고 민주주의를 전 사회에 광범위하게 파급시켰다. 이에 발맞추어 친북주의자 및 학생운동권은 6월 항쟁의 연장선상에서 통일운동과 노동운동을 광범위하게 전개했다. 1988년에 남북학생회담 추진, 1989년 전민련 발족, 1989년 문익환 목사와 임수경 등의 밀입북사건으로 온 사회가 소란스러웠다(김호진, 2006). 더불어 노동계가 목소리를 높이기 시작하여 노사분규가 봇물을 이루었다.

거대야당의 압력에 못 이겨 노태우 대통령은 5공 청문회를 열었고 전두환 전 대통령이 광주민주화운동에 대한 강압진압과 친인척 비리의 실책을 사과하고 백담사에 유배되었다. 5공 청산이 마무리된 후 1990년 민정, 민주, 공화 3당이 통합되었다. 거대 여당 민자당이 출범하여 노태우 정권이 국정을 안정적으로 운영할 기회를 잡았으나 대권(大權) 문제를 놓고 3대 계파간의 알력이 심해 국정에 차질을 초래했다.

　노태우 정권의 큰 실책은 경제정책이다. 한국은 1986~88년 중 유래가 없는 호황을 맞이했는데 이는 3저(저금리, 저유가, 저달러) 현상덕분이었다. 86아시안게임과 88올림픽의 성공적인 개최로 소비가 증가하기 시작했고 정부는 대규모 경상수지 흑자를 근거로 수입자유화와 외국인 투자에 대한 규제완화를 감행했다. 그러나 3저 현상이 사라지자 89년부터 한국경제가 위기에 봉착하게 되었다. 3저 호황을 잘 이용하지 못하고 오히려 이를 남용한 결과 임금상승, 노사분규, 그리고 원화절상이 뒤따랐다. 임금상승은 기업체의 경쟁력을 떨어트리고 원화절상은 무역적자를 초래할 수밖에 없다. 부동산 가격이 급등해 서민들이 아우성이었다. 이 시대에 저자가 직접 체험했던 부동산 경기는 뒤에서 자세히 언급할 것이다.

　전두환 대통령은 외환위기, 그리고 2차 오일쇼크가 닥쳐왔을 때 유능한 경제각료를 발굴해 오히려 이 기회를 경험삼아 임기동안 연 10% 이상의 GDP성장과 1983년부터 1987년까지 연 평균 2.8%의 저물가관리를 달성했다. 그러나 노태우 대통령은 호황기를 맞았으나 이를 잘 관리하지 못해 오히려 경제가 급속히 냉각되었다. 그의 재임기간 중 부동산 가격이 폭등해 서민들의 등이 크게 휘어졌다. 이를 보전하기 위해 급히 200만호의 아파트 공급계획을 발표했다. 갑작스럽게 아파트 건설 붐이 일어났으나 원자재부족, 인력부족으로 물가가 다시 폭등하는 부작용이 속출했다. 이제 구체적인 실적을 통해 노태우 대통령의 공과 과를 따져 보기로 하자.

(1)노태우 대통령의 치적

노태우 대통령의 치적은 정치, 경제, 외교 등의 세 가지로 살펴보기로 하자.

가. 정치 : (1)6·29민주화 선언의 실현. 6공화국의 헌법으로 국회의 권한이 크게 강화되어 국정감사권과 국정조사권을 가짐 (2)1991년 지방선거를 통한 지방의회구성 (3)5공 청산청문회를 개최하여 5공의 비리와 실책을 털었다

나. 외교 : (1)북방외교정책. 헝가리, 유고, 체코. 불가리아, 몽고, 루마니아와 수교 (2)1990년 소련, 1992년 중국과 수교 (3)남북관계 개선, 1991년 남북기본합의서, 남북유엔 동시가입

(2)노태우 대통령의 실책

노 대통령이 재임 중 노사분규, 학원 데모 등으로 사회가 혼란스럽고 국회가 정부를 압박하여 정치 불안이 심했다. 그러나 노 대통령은 권한위임이라는 미명하에 관계부서가 이를 해결하도록 방치했다. 그래서 그의 재임기간 중 권력누수현상이 심했다. 이 문제는 아래에서 좀 더 자세히 살펴볼 것이다.

가. 정치 : (1)재임기간 내내 사회가 불안하고 5공 청산 청문회 건으로 국민의 정치인에 대 한 불신이 높아짐

나. 경제 : (1)1988년부터 매년 20%의 임금인상. 이로 인한 인플레이션, 물가상승, 부동산 상승 (2)우수한 경제각료를 발굴하지 못하고 자주 바꿈. 박승, 문희갑, 나웅배, 조순으로 교체 (2)미국의 반대조언에도 불구하고 소련의 고르바초프에게 경협 50억불을 차관으로

제공하였으나 후에 이를 제대로 반환받지 못함 (3)우리 사회가 감당하게 어려운 수준의 사회복지법과 노동법 제정, 추곡수매가를 국회 에서 결정하는 우를 범함(김충남.1998)

위에서 본 노태우 정권의 실적을 보면 경제정책의 실패가 가장 두드러진다. 이에 관해 저자가 경험한 것을 한 번 회상해보자. 저자는 1985년 강남 개포동에 중형 아파트를 마지막으로 마련했다. 당시 아파트가 인기가 높아 프리미엄을 주고 청약해야했는데 나는 몇 천만 원이나 되는 프리미엄을 주고 청약할 엄두가 나지 않았다. 그래서 목동, 일산 아파트의 청약에서 번번이 낙방하고 서울에서 마지막으로 분양하는 개포동 아파트에 무려 1천300만원의 웃돈을 적어 드디어 분양에 당첨되었다. 총 분양가는 웃돈을 합쳐 약 1억 원이었다.

그 아파트에 85년도에 입주했다. 그런데 오를 줄 알았던 아파트 가격이 정체되기 시작했다. 그러던 중 저자가 1987년 5월 1년 기간으로 미국에 교환교수로 가게 되었다. 아내와 상의한 끝에 집을 팔고 그 돈을 은행에 맡기기로 했다(당시 금리는 꽤 높았다). 그래서 1억 2천만 원을 받고 팔았다. 그런지 일주일 후 아내가 갑자기 아파트를 잘못 판 것 같다고 끌탕을 했다. 그래서 동네 복덕방에 갔더니 일주일 사이에 매물이 자취를 감추었다고 한다. 불안한 나머지 우리는 급매물을 본전으로 사들였다. 그런 후 도미했고 미국에서 몇 달이 지났는데 친구들이 전화를 걸어왔다. 나보고 집 되사기를 잘했다는 것이다. 갑자기 집값이 2배로 폭등했다는 것이다. 일 년 만에 귀국해 보니 그것이 사실이었다. 몇 년간 정체하던 아파트 값이 불과 1년도 못돼 2배로 폭등했다.

나는 미국에서도 재미를 보았다. 당시 환율은 1달러 700원이었다. 88

년도에 미국 뉴욕에서 심리학회가 열렸고 제자들이 학회에 참석했다. 나는 제자 10여명을 데리고 뉴욕곰탕집에 갔다. 수육을 주문했더니 한 접시에 12달러였고 곰탕은 한 그릇에 3달러 50센트였다. 수육 한 접시 값이 우리나라 돈으로 8,400원으로 한국(1만 2천원)보다 쌌다. 그런데 고기의 양은 한국의 두 배나 되었다. 나는 갑자기 선진국 국민이 된 느낌을 받았다. 정부가 유입되는 달러를 통제하지 못해 원화 값이 절상되어 그 후부터 한국에서 외국여행이 유행했고 드디어 우리의 무역수지는 적자로 돌아섰다. 한국의 경제성장률은 급감했고 소비자 물가는 다시 최고로 상승하여 국민의 경제가 어려워졌다. 한국이 단순히 3저 현상으로 호황을 누린 것이고 아직 선진국이 아님에도 불구하고 선진국으로 착각한 노태우 정권 때문에 경제가 엉망진창이 되었다.

이제 노태우 대통령의 정치적 실정을 살펴보자. 노태우 시절 정무비서관을 지냈던 김충남은 그의 저서 『성공한 대통령, 실패한 대통령』(1998)에서 그의 실책을 다음 세 가지로 요약했다. 첫째, 그는 혼란한 시기에 이에 직접 대처하는 적극적인 방법을 모색하지 않고 소극적으로 대처했다. 둘째, 5공 청산을 통해 전 정권과의 차별화를 시도하여 당내 갈등 조장, 경험 없는 각료 임명으로 경제정책이 갈팡질팡했다. 셋째, 대통령을 뒷받침할 수 있는 보좌체제가 미약했다. 집권초기에 박철언 보좌관에게 지나치게 의존하였고 3당 합당 후에는 보수, 진보, 온건과 강경 등 이질적인 구성원들로 인해 정책이 우왕좌왕했다. 그에게는 핵심그룹이 없어 대통령비서실장을 비롯하여 수석비서관, 장차관이 수시로 바뀌었다. 장차관의 평균임기는 1년 미만이었다(김충남, 1998).

노태우 대통령이 적극적으로 사회불안, 정치불안에 개입하지 않고 국민과 야당에 이끌려 가 국민들 사이에서는 '물태우'라는 별명으로 불렸다. 그럼에도 불구하고 그는 대통령으로서의 직분을 다하기보다 그 직책을 짐스러워하는 촌극까지 벌였다. 말년에 국내에서 추락한 인기를 만회하려고 북방외교 등에 전념했으며 "국내 정책을 담당하는 대통령이 있었으면 좋겠다"는 푸념을 했다. 이는 대통령으로서 할 수 없는 언사였다. 그렇다면 왜 그가 대통령이 되었는가? 대통령이 할 일이 외교문제라면 그는 한낱 외무장관에 불과한 장관급 인물인 것이다. 유명한 야당 정치가인 김영삼, 김종필, 그리고 김대중 후보보다 그를 선택한 국민에게 너무 실망을 안겨준 대통령이고 그런 점에서 그의 리더십은 앞으로 계속 연구될 필요가 있다.

(3)노태우 대통령의 리더십

노태우 대통령의 리더십은 군인으로 따지면 참모형에 가깝다. 그는 지휘관을 지냈지만 적극적인 전투지휘관보다는 그 밑에서 보조하는 참모형에 더 어울린다. 그것은 그의 성격과도 상관이 있다. 그는 전두환 대통령과는 달리 적극적으로 문제에 개입하지 않고 자기의 의사를 관철하지도 않는다. 주위사람의 의견을 경청하고 그것을 따르려한다. 그의 귀가 큰 것처럼 그는 사람들의 이야기를 잘 경청했다고 한다. 그러나 항상 듣고도 이에 적극적으로 대처하지 않고 시간이 지나 잘 풀려나가기를 바랐다.

물론 노태우 대통령이 6·29선언을 실현해 각계각층에서 민주화바람이 일어나고 사회는 시끄러웠다. 그런 상황에서 전두환 대통령 식으로 강경하게 소요를 밀어붙이는 것이 쉽지는 않았을 것이다. 그러나 그는 너무 국회와 야당과, 데모에 민감했고 이에 필요하고 적극적인 조치를 취하지 않았다. 그의 취임초기는 3저로 인한 최고의 호황이 한국에 닥쳤다. 그러나 앞에서 지적한대로 잦은 노사분규로 생산효율성은 떨어지고 임금은 상승해 결국 제5공화국이 이룩해놓은 물가안정과 고성장의 신화를 스스로 무너뜨리고 말았다.

노태우 대통령이 실패한 대통령으로 낙인찍힌 데에는 그의 결단력부족, 용기부족, 적극성 부족과 같은 리더십 문제에 일자적 원인이 있다. 그러나 당시 우리의 노동계, 학생, 일반국민들에게도 일말의 책임이 있다. 과도한 임금인상 요구로 1988년부터 매년 20%의 임금이 인상되었다는 사실은 노동계가 결국은 제 닭을 제가 잡아먹은 형국이 된 것이다. 학생은 그렇다고 치고 사회지도자들이 위기를 경고하고 국민들이라도 좀 냉정을 차렸다면 노태우 대통령이 국정을 잘 펼칠 수 있었을지 모른다. 이 시절의 사회와 정치풍토가 국정에 어떤 방식으로 영향을 끼쳤는가를 잘 분석해 우리는 또다시 이와 같은 우(遇)를 범하지 말아야 한다. 당시의 사회의 소란, 노동자, 학생, 국민도 책임이 있다고 말했지만 그렇다고 해서 노태우 대통령의 책임이 감해질 수는 없다. 모든 책임은 최고통치자의 몫이다. 그가 사태의 위험성을 일찍 인식하고 국민에게 위기를 경고하고 이를 위한 협조를 강력하게 당부했었더라면 우리 경제가 다시 추락하는 불행은 분명히 방지할 수 있었다.

5. 김영삼 대통령

김 대통령은 한마디로 요약하면 입지전(立志傳)적인 인물이다. 그는 중학생 때부터 방에 대통령이 되겠다는 표어를 걸어놓고 이를 관철하기 위해 거의 일생을 보냈기 때문이다. 많은 야당정치인들이 도중에 여당에 포섭되어 당적을 바꾸기도 했지만 그는 평생 소신을 굽히지 않은 뚝심 있는 정치가였다. 그는 한국의 최연소 국회의원(26세 당선)으로 9선의 경력을 가진 소위 정치 9단이었다.

그는 정치적 탄압을 꿋꿋이 버텨나갔다. 그가 유신정권의 문제를 외국기자회견을 통해 발표하자 국회가 그를 제명 처분했다. 그리고 미얀마의 아웅산 수지 여사와 마찬가지로 가택 연금되기도 했다. 1983년에 단식투쟁을 무려 23일간이나 지속해 꺼져가는 민주화 세력에게 용기를 북돋워주고 국민들로부터 많은 감탄을 자아냈다.

김 대통령은 돈에도 깨끗한 사람으로 알려졌다. 그는 당 총무와 총재직을 수차례나 맡고서도 돈을 직접 만지지 않고 참모들이 관리하도록 했다고 한다. 그가 평생 동안 금전에 청렴했던 것은 그의 아버지가 어장을 여럿이나 소유해 경제적인 어려움이 없었기 때문이다. 6·29선언으로 한국정치가 민주화했지만 그의 대통령직에 대한 염원은 노태우 후보에 의해 무너졌다. 그러나 심기일전 대정치가답게 3당 통합에 가담하여 민자당의 소수 계파로서 대 역전극을 벌여 대통령 후보로 천거되고 드디어 제14대 대통령에 당선되었다.

김 대통령은 집권초기 과거 독재정권에서 있었던 비리, 부정부패를 일소하는 작업을 펼쳤다. 감사원으로 하여금 이 일을 맡겼는데 매일 감사원으로 소환되는 부정부패자가 넘쳐났다. 현직 국회의장이 면직되는가 하면 두 전직 대통령이 법정 심판을 받아 구속되었다. 그래서 국민들로부터 열렬한 박수를 받아 집권 초기 지지율이 90%에 달했다. 이렇게 재임 중 폭발적인 인기를 얻은 대통령은 그 외에는 아무도 없었다.

그러나 시간이 갈수록 그의 인기는 하강하기 시작했다. 그는 일생동안 정치를 준비해왔지만 참모들은 그렇지 못했다. 그는 노태우 대통령과 마찬가지로 잦은 개각을 해 재임기간 중 총리가 5명이나 바뀌었다(김충남, 1998). 그리고 말년에는 국정을 아들 현철에게 의존했는데 그 아들이 대선 비리혐의로 투옥되었다.

더 안타까운 것은 그가 저금리시대가 돌아오고 수출이 늘어나자 한국이 선진국에 진입했다고 판단하고 국민에게 소비를 격려한 사실이다. 국민들에게 해외여행도 하고 나가서 돈도 쓰라고 부추겼다. 그러나 외국에서는 한국이 너무 일찍 샴페인을 터트렸다고 비아냥거렸다.

OECD에 가입하여 한국이 이미 선진국에 진입한 것처럼 착각했다. OECD가입으로 외국자본에 대한 국내규제가 느슨해지고 WTO가 출범하여 외국으로부터의 수입압력이 거세졌다. 고환율을 그대로 유지하여 수입은 늘고 수출은 줄어 무역적자가 급등했지만 그의 경제각료들은 이를 걱정하지 않았다. 우리와 비슷한 경제정책을 꾸리고 있던 태국에서 금융위기가 발생하였다. 미국에서는 한국도 똑같은 위기에 봉착할 수 있다고 여러 번 경고했지만 그의 각료들은 "한국의 경제 펀더멘탈은 문제가 없다"고 자신만만했다. 그러다 결국 1997년 그의 말년에 외환위기를 맞았고 한국은 국제통화기금으로부터 강도 높은 구조 조정안을 무조건 받아들일 수밖에 없었다. 그로인해 국내에서 소위 흑자도산이 발생했다. 장사가 잘되는 데도 불구하고 은행에서 대출받은 대출금의 이자가 천문학적이어서 회사가 도산하는 것이다. 미국의 대통령이 IMF안을 받아보고서는 한국이 과연 앞으로 이 고통을 이겨나갈 수 있을까 깊이 동정해 마지않았다고 외국뉴스가 전했다.

물론 김 대통령이 성취한 업적도 전혀 없는 것은 아니다. 그는 금융 실명제를 관철시켰고 군내에 존재했던 '하나회'를 붕괴시켰다. 이러한 업적에도 불구하고 외환위기를 초래한 점, 그리고 아들이 부정한 돈을 사취했다는 점에서 그는 실패한 대통령의 반열에 오르게 된다. 그가 어떤 리더십을 보였기에 실패한 대통령이 되었는가? 이제 이 문제를 아래에서 구체적으로 살펴보기로 하자.

(1)김영삼 대통령의 치적

그의 치적은 정치와 외교의 두 가지로 나누어 보기로 한다.

가. 정치 : (1)부패와 부정의 과감한 정리, 과거 부패정치인, 경제인에 대한 법적 심판 (2)부정방지위원회 설치와 고위공직자 재산공개법 제정 (3)안기부와 기무사령부의 임무 남용방지 (4)군내 하나회 조직 제거 (5)선거와 정치자금을 건전화하기 위한 종합선거법과 정치자금법, 정당법 개정 (6)4개 정부부처를 통폐합하여 재정 경제기획원, 건설교통부 2개로 신설 (7)지방자치제의 활성화, 광역단체장과 기초단체장을 지방선거로 선출함

나. 외교 : (1)미국과 일본과 우호협력관계 지속, 클린턴과 6차례, 장쩌민과 5차례, 그리고 하시모토와도 4차례 정상회담을 가짐, 아시아, 중남미, 동유럽지역을 방문해 활발한 외교를 펼침

(2)김영삼 대통령의 실정

그의 실정은 정치와 경제 두 가지로 살펴볼 것이다.

가. 정치 : (1)과거정권과 결연, 신한국창조론 등으로 국정이 원활하

지 못했다. 소위 공무원 사회에 복지부동현상이 생겨남 (2)민주화 운동을 한 사람을 중용한 나머지 실 무형 행정가 빈곤사태가 벌어짐 (3)잦은 개각으로 경제, 통일, 교육정책에 혼선이 왔다. 이 분야의 장관이 그의 임기 중 17명이나 바뀜 (4)국무회의가 일 년에 2번 정도 열렸지만 수석비서관 회의는 자주 개최함(1년에 37회) (5)그는 자신감이 넘쳐 보좌관의 조언을 경청하기보다 모든 중요한 일을 혼자서 결정했다

나. 경제 : (1)경기활성화 정책을 세워 집권 1~2년간에는 성장률과 국제수지가 안정되었다. 그러나 이것은 엔고현상에 따른 일시적 현상이었고 이어 수입자유화로 수입이 증가하고 엔저현상으로 무역적자액이 200억 달러에 육박함 (2)실무에 경험이 적은 경제각료와 보좌관을 임명하여 수출증가가 선진국에 진입한 것으로 착각하고 무역적자를 방치해 결국 1997년 외환위기를 맞게 됨 (3)GNP 1만 달러는 원화의 고평가에 따른 일시적 착시현상임에도 불구하고 이를 우리경제의 능력으로 착각하고 고성장정책을 그대로 강행해 물가는 오르고 수입이 급증함 (4)WTO의 출범으로 외국의 단기자본의 유입을 통제하지 못해 결국 경제파탄이 났음 (5)OECD의 조기 가입으로 국내 산업을 더 이상 보호하지 못해 국내기업의 도산이 속출했다

(3)김영삼 대통령의 리더십

김영삼 대통령을 평가할 때는 늘 미국의 카터 대통령이 생각난다. 카터는 닉슨 대통령이 워터게이트 사건으로 탄핵을 받고 미국의 정치가

도덕적으로 파탄 난 것에 자극을 받아 도덕적인 정치를 선거목표로 내세워 대통령에 당선되었다. 선거목표에 걸맞게 그는 정치에 도덕성을 강조했다. 그리고 미국의 패권주의도 이와 같은 정치적 소신에 따라 크게 축소하기로 결정하고 한국군 전면 철수를 주장했다. 그래서 그는 내한해 박정희 대통령과 대담했지만 양자 사이는 냉랭할 수밖에 없었다. 후에 주한미군사령부는 물론 미국의 군고위층마저 극동의 안보를 위해서 주한미군을 철수할 수 없다고 반발해 결국 주한 미군 철수는 백지화했다. 이 문제뿐만 아니라 그는 국정을 제대로 챙기기보다 도덕적 정부를 이끌어나가는데 정력을 쏟고 다른 부문을 등한히 해 그는 역대 미국 대통령 중 실패한 대통령으로 간주하고 있다.

김영삼 대통령은 군부정치 그리고 과거 부패 고위공직자와 결별하기 위해 '신한국창조론'을 내세웠다. 그리고 그 구체적 조치로 과거 및 현직 고위공직자를 감사원 감사를 통해 무더기로 고발했다. 그 중에는 전직 대통령과 국회의장도 포함되었다. 이런 정신적 개조는 일제시대까지 거슬러 올라가 중앙청을 엄청난 돈을 들여 해체했다. 어떤 사람은 이 해체작업을 칭찬하고 있지만 저자는 반대다. 우리가 일본으로부터 36년간이나 지배당해왔다는 엄연한 사실을 후세대에게 알려주는 산 증거로 중앙청만한 것이 있을까? 없다. 이 해체작업도 경제가 어려운 시절에 엄청난 국고를 낭비해가며 강행했다.

김영삼 대통령은 오랫동안 군부독재, 유신체재로부터 핍박을 받아온 정치인이다. 그래서 그에게는 같은 민주화세력에게는 손을 내밀고 반면 구체제에 몸담았던 사람들은 철저히 옷을 벗겼다. 그런데 불행하게도 그와 손을 잡은 인사들은 실무경험이 전혀 없는 학자들, 정치가들,

노동운동가들이 주종을 이루었다.

　김충남(1998)은 그를 백범 김구 선생과 같은 투사로 간주한다. 그러나 투사가 정치가로 변신하면 그의 신념과 가치관도 더불어 달라져야 하고 행정을 중요시해야 한다. 그러나 오랫동안 투사경력을 가졌던 사람은 행정경력이 미숙해 경제를 제대로 챙기지 못하고 교육과 과학을 발전시키지 못한다. 그러나 만일 그가 전두환 대통령처럼 실무형 엘리트를 삼고초려해 초빙하고 전권을 맡기며 자신은 정치에 전념했었다면 대한민국이 외환위기에 봉착하지는 않았을 것이다.

　김영삼 대통령은 국무회의도 아주 드물게 열어 1994년과 1995년에 각각 2회씩 열었다. 다른 대통령 특히 박정희 대통령이나 전두환 대통령이 국무회의를 자주 열고 열띤 토론을 이끈 것에 비하면 그는 장관을 우습게 알았다. 그는 평소에도 자기 각료에는 인물이 없다고 한탄하였다. 그에 비해 수석비서관회의를 자주 열어 1994년에 30회, 1995년에 37회나 열었다(김충남, 1998). 그러나 그의 수석비서관 역시 전문가가 아닌 민주투사들이 많아 그들은 자기주장을 올리기보다 대통령을 칭송하고 지시를 따르기 일쑤였다(김충남, 1998).

　정의와 도덕을 통해 나라를 쇄신하겠다는 김영삼 대통령의 의지는 카터 대통령과 마찬가지로 미완성으로 남게 되었다. 그는 고위공직자 윤리법을 개정하고 부정방지위원회를 설치하여 신한국창조론을 실현하려 고군분투했다. 그래서 고위공직자가 철퇴를 맞았다. 그렇다고 부정부패가 일소되고 정의가 실현되었는가? 아이러니하게도 한보사태가 터지고 그의 아들이 선거자금 유용으로 감옥에 가는 비운이 연거푸 발생했다.

　그가 도덕적 정치에만 골몰하고 경제와 사회문제에는 무심했다는 증거가 여러 개 있다. 그중 하나는 기아자동차 분규다. 기아 노사분규가 사장까지 노측의 편을 드는 기이한 상황이 벌어져 장기화했지만 그는 칼을 뽑아들지 않았다. 아마도 노동자에 대한 과거의 연민이 그대로 남아있었기 때문일 것이다. 그래서 결국 외국자본가들마저 실망하고 한국으로부터 대량으로 투자금을 회수해 한국이 외환위기를 맞는 단초가 되었다. 학원데모도 민주정권이 들어섰으나 줄어들지 않았다. 그가 집권한 후 좌파학생을 대량으로 복권시켰는데 이들이 다시 학원으로 들어와 학원소요를 주도했다. 그러나 김영삼은 이를 관망했을 뿐이다.

북한문제에 대해서도 일관성이 없었다. 그는 남북정상회담 제의, 전향을 거부한 이인모 송환, 쌀 15만 톤을 북한에 제공하여 남북 간 교류를 꾀했다. 그러나 북한 잠수함 침투사건으로 대북정책이 급변했다. 이러한 일관성 없는 통일 및 안보정책은 그의 캐비닛에 통일 및 안보전문가를 배제하고 참신하지만 경험이 없는 각료를 대거 임명한 결과다.

김영삼 대통령의 출현은 우리 정치역사상 한 획을 긋는다. 비록 노태우 대통령이 민주주의 선거방식으로 선출된 대통령이긴 하지만 그는 어디까지나 군인출신이었고 12·12사태의 주역이었다. 그러므로 그는 온전한 민간 출신 대통령은 아니었다. 반면 김영삼 대통령은 한국의 민주화를 위해 일생동안 헌신하고 드디어 국민의 전폭적인 지지를 받아 대통령에 선출된 완전한 민선대통령이다.

민주주의가 몸에 배고 민주화 투쟁으로 성장해 드디어 대통령이 된 김영삼에게 국민이 거는 기대는 다대했다. 그러나 그는 역시 민주투사였지 대통령은 아니었다. 대통령이 투사여서는 나라가 소란스럽기만 하다. 대통령은 경제를 챙기고 사회소요를 막아야하고 국민이 마음 놓고 생업에 전념하도록 정치안정을 도출해내어야 한다. 여기서 김충남(1998)이 김영삼 시절 공보비서관을 지낸 경험을 회고하면서 김 대통령의 실정을 4가지로 정리한 것을 요약해보기로 하자.

첫째 역사의식의 문제이다. 그는 지난 반세기에 걸쳐 군사정부에 맞서 싸워왔다. 그래서 과거 정권을 부정하고 그들을 징계하는 소위 신한국창조론을 주창했다. 그러나 그의 이런 역사관은 많은 비난을 받았고 국가운영의 비전도 불투명했다.

둘째 도덕주의적 이상론이다. 그는 도덕사회, 도덕국가를 이룩하려 노력했다. 정부가 부정부패를 사정(司正)하는데 집착하다보니 그는 더욱 오만하고 독선적으로 흘렀다. 사정 과정에서 과거 및 현직 정치인, 경제인을 대거 숙청함으로써 엘리트의 공백기가 왔다. 그의 과제는 민주주의 정착, 경제적 번영, 안보의 3가지인데 너무 깨끗한 정부만을 강조해 경제가 무너지고 사회가 불안해졌다.

셋째 국가경영능력의 부족이다. 그는 직업을 가졌거나 행정경험이 전혀 없다. 그러면 그의 참모로는 경험이 풍부한 엘리트를 영입했어야 한다. 그러나 그는 과거 인물들을 불신임했고 참신하고 민주화운동에 몸담아왔던 학자, 정치가, 민주투사를 애용했다. 그래서 중요한 경제, 통일, 교육정책에 혼란이 왔고 그때마다 새로운 사람으로 대체했지만 그들도 전문가는 아니었다. 또 김영삼 대통령은 고집이 세고 자신감이 넘쳐 남의 이야기를 잘 듣지 않았다.

마지막으로 민주주의를 지향했지만 그것을 비민주주의적으로 추구했다. 민주주의는 국민의견을 존중해야한다. 국회를 존중하고 국민과 소통을 해야 하는데 그는 현직 국회의장을 재산 과다보유라는 여론재판으로 물러나게 했고 다른 국회의장에게는 "영혼이 불쌍하다"라는 모욕적인 언사를 했다. 그래서 그는 인치(人治)니 문민독재니 하는 평을 들었다. 그는 법 위에 군림해 한국은행 총재와 감사원장을 임기 전에 교체했다.

그는 민간 출신이었기에 리더십을 민간조직에 빗대어 분석할 수 있다. 그는 전제형 또는 독재형 리더다. 전제형 리더란 중요한 의사결정을 자기가 정하고 부하에게 그것을 명령하는 것이다. 그가 장관을 임명했으면서도 국무회의를 일 년에 한 두 번 밖에 하지 않았다는 것은 비서진과 밀실형 정치를 했다는 것을 의미한다. 그의 비서는 대통령이 워낙 자신감에 차있었고, 의지가 강해 그를 칭송하기에 바빴을 뿐 정책적 건의는 도외시했다(김충남, 1998).

군부독재와 싸워 민주주의를 살린 민중의 대통령이 또 다른 형태의 독재를 했다는 것은 역사의 아이러니가 아닐 수 없다. 그러나 그는 이승만 대통령과 같은 깊은 정치적 안목도 박정희 대통령과 같은 경제적 비전도 없이 무턱대고 신한국창조론에 매달렸다. 그것은 한낱 허구였고 그 자신에게도 부메랑으로 돌아와 아들이 부정으로 투옥되고 외환위기를 맞아 나라의 경제가 파탄난 비운을 초래했을 뿐이다.

6. 김대중 대통령

김대중은 김영삼과 쌍벽을 이루는 야당 지도자였다. 김영삼과는 이합집산을 거듭했지만 두 사람은 영원한 동지임에 틀림없다. 김영삼이 야당 시절에 군부독재로부터 많은 핍박을 받았지만 김대중은 김영삼보다 더 큰 고초를 당했다. 박 정권 때 일본 도쿄에서 한 밤중에 납치되어 투옥되었고 바로 재판을 받아 사형을 선고받았다. 미국의 압력으로 다행히 목숨을 건져 미국 망명길에 올랐다. 이렇게 고난과 역경을 헤친 민주투사이기에 그는 드디어 노벨 평화상을 수상할 수 있었다.

그러나 김대중의 '대통령의 꿈'은 쉽사리 성취되지 못했다. 박정희가 대통령 3선 개헌을 하고 대선에 입후보했을 때 김대중이 야당 후보로 출마하여 많은 득표를 올렸지만 아깝게 패배했다. 다음 13대 대통령선거 때 야당이 정권을 쟁취할 호기였지만 3김이 모두 출마해 결국 노태우 후보에게 어부지리를 안겨주었다. 그 후 14대 대선에서 김영삼 후보와 격돌했지만 역시 패배했다. 이렇게 그는 여러 차례 대통령 선거에 출마했지만 모두 실패해 14대 대선 실패를 기화로 정계 은퇴선언을 하기에 이르렀다. 그러나 그는 다시 변심하고 15대 대선에 출마하여 드디어 평생의 꿈인 대통령이 되었다. 그가 좋아한다는 인동초(忍冬草)와 같이 그는 7전8기하여 드디어 대권을 획득한 것이다.

김대중 대통령에 대한 평가는 수적으로 굉장히 많다. 전문가의 평가(예컨대 장세진 외, 2001, 경향신문, 참여연대, 2003, 정대화외, 1998 등)로부터 비전문가의 평전(김욱, 2005, 이규철, 2002, 조갑제, 2006 등)이 있다. 외국에서도 책이 출판되었는데 가쿠마 다카시(2000)가 김대중에 관해 저술했다.

그의 대한 평은 앞의 이승만 대통령, 박정희 대통령과 마찬가지로 극에서 극을 달린다. 한쪽에서는 그를 외환위기를 성공적으로 넘긴 경제 대통령, 햇볕정책으로 남북 간 긴장을 완화한 대통령으로 간주하는가 하면, 한편에서는 노태우 대통령으로부터 20억 플러스알파란 격려금을 받고도 그 알파를 털어놓지 않은 부패한 지도자, 그리고 무모하게 햇볕정책을 펼쳐 국고를 낭비하고 남남(南南)갈등을 일으켰으며 아들의 비리사건으로 인해 실패한 대통령으로 낙인찍는다.

적지 않은 사람들이 그의 과거 행적을 뒤적여 그가 좌파성향을 가진 정치가로 생각하고 있다. 그래서 과도하게 북한에게 경제적 지원을 해준 것도 그의 정치적 신념에 따른 것이라고 풀이한다. 그러나 우려했던 바와는 달리 그가 대통령이 된 후 펼친 경제정책은 공산주의나 사회주의는 아니었다. 물론 국제통화기금과의 약속을 지키기 위해서는 자유경제주의를 채택하지 않을 수 없었겠지만 여하튼 시장경제원리를 그대로 준수한 것은 사실이다.

그가 집권하기 전부터 다루어야할 중차대한 문제는 외환위기에서 하루 빨리 벗어나는 것이었다. 그래서 그는 경제에 모든 힘을 다 쏟았고, 그의 치적이나 실정의 대부분은 경제 한 분야에 집중될 수밖에 없다. 이제 김대중 대통령이 과연 어떤 평가를 받아야할지를 알기 위해 그의 행적을 뒤적여 보기로 하자.

(1)김대중 대통령의 치적

그의 치적은 경제, 사회복지, 정치 그리고 외교의 4분야로 압축해 살펴볼 것이다.

가. 경제 : (1)과감한 구조조정, 종금사, 제일은행, 서울은행 매각, 5개 은행 퇴출시킴 (2)금융기관의 도덕적 해이 방지, 금융자본의 과잉 투자 방지, 대차대조표의 건전 화 (3)재벌의 소유구조, 지배구조개혁, 사외이사제 도입 (4)부실기업의 M&A 추진 (5)3년 만에 IMF로부터의 차입금 모두 상환 (6)실업률을 9%에서 4%로 축소, 2000년 말 외환 보유고 960억 달러 달성 (7)국영기업의 민영화, 국정교

과서 남해화학, 한국중공업 등 (8)노동시장 유연화, 정리해고제 조기실시, 파견근로제 (9)대외개방 즉 외환자유화, 자본자유화, 무역자유화 함 (10)노사정위원회 설치, 민노총, 전교조 합법화

나. 사회복지 : (1)사회보장제도 확대, 고용보험제도, 국민기초생활보장제 (2)국민연금제 도입

다. 정치 : (1)집권초기에 가신들을 멀리하고 실무경험 엘리트를 영입

라. 외교 · (1)남북정상회담 (2)이산가족상봉, 편지교환 기회를 대폭늘림

(2)김대중 대통령의 실정

김 대통령의 실정은 사회, 경제, 정치, 외교의 네 가지로 나누어 볼 것이다.

가. 교육 : (1)제7차 교육과정에서 '한국근현대사' 교과서를 검인정으로 하여 대한민국을 부정하고 건준을 찬양하는 역사관을 쓴 교과서가 출판되었다. 따라서 고등학생들이 좌경화하고 대한민국을 부정하는 역사인식을 갖게 만듦.

나. 경제 : (1)구조조정이 정치논리에 휘말렸다. 현대를 구조조정하지 않아 더 확장해 부실해졌고 회사채를 신속 인수했다. 이는 현대의 대북지원과 관련된 것임 (2)M&A를 원리원칙에 따라 행하지 않아 현대가 LG를 인수했음 (3)공적자금을 비합리적, 부실하게 투입해 2,3차에 걸쳐 막대한 자금이 소요되었음 (4)국가채무가 급증함 (5)고금리 정책으로 서민과 중소기업이 큰 고통을 당했음 (6)경기를 부양시킨다고 신용카드를 남발케 해 274만 명의

신불자가 양산됨 (7)현대로부터 대북지원금을 비자금 형식으로 납부받았고 이에 대한 검찰의 수사로 나중에 정몽헌 현대아산 회장이 투신자살함

다. 정치 : (1)정치 후반기에 동교동 가신들이 정치에 관여해 부정부패가 급증했음(소위 게이트) (2)대통령이 노태우 대통령으로부터 받은 20억 플러스알파에 대한 해명이 없었다 (3)그의 아들들이 부정부패에 연루되어 수감되었음

라. 외교 : (1)햇볕정책은 북한의 체제변화를 모색하기 위한 것이었지만 오히려 경제원조가 핵개발로 이어져 김정일 체제를 더 확고히 하는 부작용을 낳았음 (2)막대한 북한 경협으로 남남갈등이 생겼음 (3)북한이 서해전투를 벌여 대북한정책이 실패했음이 입증되었음 (4)친북, 종북 인사들이 증가해 국민들이 국가의 좌경화를 염려하게 되었음

(3)김대중 대통령의 리더십

김영삼 전 대통령이 국민에게 이제 GNP가 1만 달러가 되었고 OECD에 가입해 선진국이 되었다고 호언한 지 몇 달 만에 외환부족으로 국가부도사태가 발생했다. 국제통화기금은 한국에 강력한 구조조정과 고금리를 요구하는 조건으로 외화를 대출해주었다. 그 결과 흑자도산기업이 발생하고 대규모의 구조조정으로 일자리를 잃고 집을 잃은 홈리스 피플까지 생겨났다. 아닌 밤에 홍두깨를 맞은 셈이다. 나라를 구해야겠다는 일념에 전 국민이 금모으기 운동에 동참하여 세계를 깜짝 놀라게 만들었다.

김대중 대통령이 전임 대통령의 실책으로 국가부도라는 엄청난 시련을 떠안게 되었지만 어떤 면에서 이는 그가 정치지도력을 발휘하는데 더 없는 조건이었다. 우선 전 정권에서 자주 발생했던 학원소요, 노사분규, 야당의 무리한 요구가 한꺼번에 잠적했다. 국가부도란 위기 속에서 국민들은 정부에 협조할 만반의 태세를 갖추고 있었다.

김 대통령은 전 정권에서 실무를 맡았던 경제관료는 물론 정치관료, 예컨대 김중권을 비서실장으로 영입하는 등 개국공신의 등용을 자제하고 난국을 돌파해 나갔다. 그의 일차적인 임무는 하루 빨리 IMF관리체제에서 벗어나는 것, 즉 차입금을 하루 빨리 상환하는 것이었다. 그의 경제정책은 성공적이었는가?

앞에서 지적한 것처럼 김대중 대통령에 대한 평가는 양극을 달린다. 그래서 중간 입장의 평가를 소개하기로 한다. 김기원(2001)은 김대중 대통령의 경제개혁의 성과를 평했는데 그의 평을 요약해보자. 구조조정에서는 부실기업 정리와 지배구조개선을 노렸는데 크게 성공하지는 못했지만 약간의 진전이 있었다. 아울러 부실 금융기관도 정리되고 감독체계도 정비되었다. 민영화를 추진했지만 애초의 계획에는 미치지 못했다. 노동시장과 노사관계는 다소 유연해졌다. 정리해고제, 파견근로제가 도입되고 노사정위원회가 설치되었다. 그러나 노사정위원회는 노와 사가 서로 불신해 별 성과를 보지 못했다. 외환 및 자본자유화를 실행했는데 이로써 외국자본이 많이 유입되어 IMF차입금 조기상환에 큰 도움이 되었다. 원화절하로 수출이 급증하였고 외환보유고가 2000년대 말 960억 달러로 치솟았다.

그러나 구조조정에 효율성과 민주성이라는 두 개의 잣대를 기준으로 볼 때, 성과가 어정쩡했다. 부실한 재벌, 금융기관의 구조조정을 마무리 짓지 못해 2단계, 3단계의 작업이 더 필요했다. 재벌의 황제경영, 문어발식 경영도 보존되었으며 금융기관의 경영개혁도 지지부진했다.

본래 구조조정 과정은 정치적 과정이다. 새로운 경제질서를 구축하려면 기득권과 충돌해야하며, 또 구조조정의 고통을 사회구성원 사이에 나누어야하기 때문이다. 그러나 김대중 정권은 상대적으로 개혁적인 성격을 띠기는 했지만 기득권과 일전불사를 각오할 만큼의 결단력이나 비전을 갖추지 못하고, 또 소수파 정권이라는 취약점도 작용하여 기득권 세력을 물리치지도 못했으며 고통분담의 공평성도 확보하지 못했다. 결국 정치적 역량의 한계로 특권층과 서민층 모두로부터 지지를 받지 못하게 된 것이다.

김기원(2001)의 평가에서 하나 빠진 것은 김 대통령 집권 하반기에 경기가 침체되어 이를 부양시키기 위해 신용카드를 남발하게 한 것이다. 외국에서는 신용카드 사용자의 자격을 엄격히 한다. 이는 사용자가 잘못하면 신용불량자가 될 수 있고 더 큰 문제는 연체로 금융회사도 부도가 날 수 있기 때문이다. 그러나 김 정권의 경제각료 팀은 이 문제를 안이하게 생각해 드디어 우려하는 사태가 발생했다. 수입이 없는 대학생에게도 신용카드가 발급되고 일정한 수입이 없는 사람에게도 마찬가지로 카드발급이 남발되었다. 신용카드 사용문화에 익숙하지 않은 청소년들과 몽매한 소비자가 충동구매를 억제치 못해 274만 명의 신불자가 탄생했다(이진, 2005).

다른 학자는 김대중 대통령의 경제정책을 다르게 평가할 것이다. 그리고 서로 다른 평가는 평가자의 경제관, 정치적 신념, 그리고 김대중에 대한 호의도에 따라 각기 다르게 내려진다. 그 평이야 여하튼 간에 우리는 그런대로 그가 국난을 맞아 최선의 노력을 경주했고 일시적으로 소기의 성과를 얻었다는 사실은 부정할 수 없다.

그러나 아쉬운 점도 여러 가지다. 우리가 나중에 안 사실이지만 IMF의 과도한 구조조정과 고금리 정책은 너무 무리한 요구였었다. 따라서 우리가 국제통화기금 총재와 좀 더 과감하고 당당한 외교를 벌였다면 좀 더 유리한 협상을 이끌어내지 않았을끼히는 아쉬움이 남는다. 그리고 재벌과 금융기관의 구조조정을 확실하게 할 수 있는 절호의 찬스였지만 이를 놓쳐 막대한 공적 자금이 남발되었고 지금까지 재벌과 금융기관의 방만한 경영과 비효율적, 비합법적 경영이 지속되고 있다. 더구나 카드대란으로 서민들의 경제가 더 피폭해졌다.

더불어 그의 통치기간 중 우리국민의 튼튼한 안보관, 반공관이 느슨해지고 많이 헐거워졌다. 국정원을 비롯해 검찰과 경찰의 공안부서가 힘을 잃고 북한스파이를 한 명도 체포한 적이 없다. 남북정상회담을 기화로 김정일을 국방위원장으로 호칭하였고, 과거에 그를 낮추어 부르는 경향이 사라졌다. 정치교류에 발맞추어 군 교류도 활발해져 남한 군인과 북한 군인이 더 이상 적대적이지 않다고 인식할 정도였다. 반공교육이 어느덧 사라져버리고 중고등학교 역사교과서의 현대사도 북한을 적대시하거나 한국전쟁의 원흉으로 기술하지 않았다. 오히려 이승만 대통령을 남북통일의 방해 인물로 묘사했다. 역사 왜곡작업이 시작되고 있었던 것이다.

그러나 보수우익이 걱정하던 사태가 곧 발생했다. NLL선의 침범을 구실로 북한경비정이 남한경비정을 포격하였고 우리도 이에 맞대응한 서해교전 사건이 발생했다. 또 이북에서 잠수정을 내려 보낸 사실이 포착되었다. 이 일련의 사건 때문에 남북 간 교류가 교착되었고 우리의 대북정책도 수정하지 않으면 안 되었다. 북한은 남한으로부터 챙길 것은 모두 다 챙기고 오리발을 내밀었다. 그래서 김대중 대통령의 햇볕정책은 많은 국민으로부터 원성을 샀다. 김대중 대통령은 모사(謀士)에 가까운 정치가다. 서양식으로 말하면 마키아벨리스트다. 목적을 위해서는 수단과 방법을 가리지 않았고 특히 자신의 목적에 연연했다.

그가 유신정권에서 사형까지 받은 위대한 정치투사임은 분명하다. 그리고 국가부도사태를 해결하기 위해 불철주야 애쓴 것도 사실이다. 그러나 그가 김정일에게 너무 많은 돈을 안겨주고 얻은 바가 없다는 사실은 비난받아 마땅하다. 또 그 돈이 핵개발의 성공으로 이어졌으니 그 책임이 크다. 그가 휴머니스트이어서 북한에 온정적이었는지, 아니면 좌파성향 때문에 그랬는지는 아무도 모른다. 그 자신만이 알 것이다. 정권 말기에 그의 자식들이 부정에 연루되어 쇠고랑을 찼다는 사실은 우리를 슬프게 만든다.

그는 과연 좌파 정치가였는가? 아직 우리는 이에 대한 확답을 얻지 못하고 있다. 그러나 그의 정권 때부터 우리사회에서 좌파가 표면화하고 목소리를 냈으며 우리의 반공교육과 대북관이 크게 흔들렸다는 사실은 그의 정체에 대한 의구심을 떨치지 못하게 만든다.

7. 노무현 대통령

노무현 대통령은 천운을 타고 난 사람이다. 그는 김영삼이나 김대중처럼 반세기에 걸친 민주화투쟁을 한 거물 정치인이 아니다. 학벌, 지연, 혈연 등도 없는 소시민일 뿐이다. 그런 그가 각고 끝에 사법고시에 합격하고 법조인이 된 후 얼마동안의 노동자를 위한 변호를 맡은 경력을 계기로 국회의원에 입후보해 당선되었다. 노태우 대통령 때 5공 청문회가 열렸다. 그가 민주당의 질의자 중의 한 사람으로 뽑혀 전두환 전 대통령의 부정과 실정을 매몰차게 몰아쳐 인기를 얻었다. 그 인기를 밑거름해서 과감하게 2002년 대선에 출마했다.

우선 당의 공천을 받아야하는데 한화갑과 이인제가 그를 멀리 앞서 갔다. 그에게는 지지 세력도 자금도 턱없이 부족했다. 그러나 민주당이 2001년 보궐선거에서 전패했기 때문에 이를 만회하고자 새로운 선거방식을 택한 것이 그에게 행운을 가져다주었다. 즉 민주당은 우리나라 정치선거 역사상 처음으로 국민경선제를 택했다. 민주당은 선거를 국민 관심 속에서 치러야한다는 전략을 세워 당 대의원 3만5천 명과 일반 국민 3만5천 명을 합쳐 전국에서 7만 명의 선거인단을 뽑고 제주에서부터 오픈 프라이머리를 시작하여 서울로 쳐올라 오게 했다. 국민들은 처음 보는 국민경선제에 큰 관심을 보였는데, TV 드라마보다도 더 재미있다는 시청자들의 평이었다. 새로운 인물이고 언변이 좋아 노무현의 인기가 상승하여 그는 결국 두 유력경쟁자를 물리치고 민주당의 대선후보로 지명되었다.

심리학자가 본 노무현의 눈물정치학

2002년 대선 때 노무현은 이회창을 불과 50만 표로 따돌리는 대역전 드라마를 펼쳤다. 동서양을 통틀어 전무후무한 이 박빙의 승리는 이긴 편이나 진 편 모두에게 커다란 충격으로 다가왔다. 왜냐하면 한나라당의 이회창 후보는 4년 11개월을 굳건히 버티다 불과 한 달을 더 못 버티고 그만 노무현 후보에게 무릎을 꿇었기 때문이다.

세상을 깜빡 놀라게 만든 노 후보의 대 역전 승리는 어디에 기인하는가? 여러 가지 다양한 효과적인 선거전략이 동원되었고, 이것이 적중한 덕이다. 그러나 그 중에서도 구체적으로 어떤 선거전략이 제몫을 다했을까? 노 후보 진영은 대중을 파고든 대중적 정서 캠페인에 치중했다. 예컨대 부산 '자갈치 아지매'가 찬조연설을 해서 노 후보가 국민의 아픔을 이해하고 이들의 대변자라는 이미지를 구축했다.

무엇보다 노 후보 진영은 두 후보를 차별화하는 전략을 세웠다. 이 후보가 상류층 가정의, KS마크로 통하는 일류학교 출신, 대법관과 총리를 역임한 고위 권력층인데 비해 노 후보는 가난한 농촌출신, 별 볼일 없는 학력의 소유자임을 부각시켰다. 이러한 차별화 전략을 통해서 대중들은 이 후보보다는 노 후보에게 친근감을 갖고, 더 나아가 동정심과 연민을 품게 되었다. 부산상고를 졸업하였으나 취업에 실패했다. 그러나 그는 와신상담 끝에 고시에 합격하여 인생을 대 역전시켰다. 코리안 드림의 주인공으로 노 후보의 트레이드마크가 결정되었다.

노 후보의 선거광고 중 가장 압권은 파란만장한 인생을 회고하면서 그가 눈물을 글썽이는 TV광고 장면이다. 이 광고를 시청한 일반 대중, 특히 서민들은 가슴이 미어졌고 노 후보에 대한 연민에 목이 메었다. 마치 모세가 홍해바다를 갈라놓듯이 불과 2분여의 이

짧은 TV광고가 50만 표의 향방을 갈라놓았던 것이다.

물론 노 후보의 눈물은 탤런트들이 최루탄 드라마를 녹화할 때 안약을 넣어 억지로 짜낸 가짜 눈물은 아니다. 그의 인생살이 자체가 눈물바다이었기에 선거용 광고에서 내비친 눈물은 순도 100%의 진짜 눈물이다. 그가 대통령 당선자로 결정된 이후 여러 공식 석상에서 흘린 눈물도 역시 연기를 위해 짜낸 것이 아닌 진짜 눈물일 것이다.

그러나 이제 적지 않은 사람들이 노 대통령이 "너무 눈물을 자주 흘린다, 이것이 자연발생적이 아닌 연기다"라고 수군거리기 시작한다. 이제 노 대통령이 어떤 곳에서 어떻게 눈물을 흘렸기에 이러한 국민적 의문이 싹트게 되었는지를 살펴보기로 하자.

2003년 1월 31일 SBS TV의 '좋은 아침' 프로그램에 대통령 당선자 신분으로 노무현 부부가 출연했다. 그는 사법시험 합격 당시를 회상하면서 "사법시험에 합격하자 평소 자존심 때문에 나에게 몸을 기대지 않던 부인이 무릎에 얼굴을 파묻고 약한 모습을 보였다"며 눈물을 흘렸다. 이 눈물 역시 그의 선거 때의 TV광고처럼 순수한 것이었고 여기에는 아무런 정치적 동기가 없다. 이 프로를 통해 노 당선자는 다시 한 번 국민의 가슴속에 따뜻하게 각인되는 효과를 얻었다. 특히 그가 이제는 영부인이지만 당시 한낱 농촌 처녀에 불과한 권양숙 씨를 짝사랑하고 애태웠던 연애 추억담을 토로했을 때 시청자들은 노 당선자의 애틋한 인간미를 곱씹을 수 있었다.

노 당선자는 그의 인생길이 평탄치 않았기에 인생의 고비 고비에서 적잖이 눈물을 머금었을 것이다. 그 결과 노 당선자는 자주 감상에 젖고, 쉽게 눈물을 흘리는 정서적 성격의 소유자가 되었을 것이다. 이러한 그의 성격과 감상적 행동을 탓할 수는 없다. 더구나 지금까지 그가 흘린 눈물을 정치적 술책의 하나라고 간주할 하등의 근거도 없다. 그러나 이 SBS TV 방영 이후에도 노 대통령은 여러 공개석상에서 눈물을 흘렸는데, 이것이 바로 문제를 야기하고 있는 것이다.

노 대통령은 2003년 12월 19일 '리멤버 1219' 행사를 여의도광장에서 가졌다. 이 행사는 바로 1년 전 역전드라마를 연출한 2002년 12월 19일 대선 개표일을 기념하기 위한 것이다. 소위 '노무현을 사랑하는 모임'(노사모)이 주축이 된 기념행사인데 노 대통령이 이들 앞에서 뜨거운 눈물을 흘렸다. 그 배경을 설명하면 이렇다. 노 대통령은 선거시절 노사모에게 자신이 대통령에 당선되면 그들을 청와대에 초청하여 삼겹살을 대접하겠노라고 약속했다. 그런데 아직 이를 이행하지 못해 미안하다고 말하면서 낙루했던 것이다. 이에 감읍한 노사모들은 "괜찮아요. 삼겹살 매일 먹어요"라고 열광적으로 소리쳐 답례했다. 그리고 곧바로 노사모들은 대통령의 눈물에 크게 감동하는 글을 인터넷에 올렸다. 두 사례만 인용해보자.

'석송'이라는 아이디의 노사모 회원은 "우리들 앞에서 '노짱'(노 대통령의 별명)이 두 뺨에 눈물을 흘리는 것을 보는 순간 나는 그대로 자리에 앉을 수밖에 없었다"며 "이 글을 쓰는 지금도 멈출 수 없는 내 눈물은 그날의 못다 흘린 눈물"이라고 말했다.

'윤이다'라는 노사모 회원은 "노 대통령은 제대로 된 정치를 국민에게 선사하고 싶기에 눈물을 흘린 것"이라며 "더 이상 노 대통령이 눈물을 흘리지 않게 하고 싶다. 이제 나부터 눈물을 흘리지 않겠다"고 밝혔다. 노 대통령의 낙루는 다시 한 번 국민의 심금을 울리고, 특히 노사모의 지지를 담보하는 큰 위력을 발휘했다.

그런데 며칠 후 우리가 눈 여겨 보아야할 사건이 발생했다. 2003년 12월 23일, 노 대통령은 민생관련 하위직 공무원을 청와대에 초청해 저녁만찬을 가졌다. 이 자리에는 우편집배원, 환경미화원 등이 초대되었는데 그는 집배원을 붙들고 눈물을 흘렸다. 낙루한 이유를 살펴보니 그가 대통령선거 공약 시 이들에게 인력충원을 약속했는데 과연 그 약속이 그들에게 흡족한 것이었는가 하는 자책감을 느꼈기 때문이라고 한다. 그런데 여기서 우리는 왜 대통령이 그 자리에서 꼭 눈물을 흘렸어야하는가 하는 의문을 품게 된다. 왜냐하면 그 자리가 대통령이 하위직 공무원의 노고를 치하하는 경사스러운 자리였기 때문이다. 외국에서는 하위직 공무원이 아무리 힘든 일을 한다고 해도 그들을 대통령관저에 초청하는 예가 흔치 않다. 물론 그렇다고 해서 그런 청와대 만찬이 잘못됐다고 꼬집는 것은 아니다. 오히려 노 대통령의 자상한 인간미를 엿볼 수 있었노라고 치하할 수 있다.

그러나 바쁜 정무를 제쳐두고 선례를 찾아볼 수 없는 하위직 공무원을 위한 만찬을 개최했는데 왜 대통령이 울어야만 했는가? 만일 그들의 노고에 연민의 정을 느꼈다면 그들에게 앞으로 자신이 대통령으로서 어떻게 작업환경과 대우를 개선해줄 것인지를 천명하는 것으로 족하지 않았을까? 또 낙루한 이유가 석연치 않고 그 이유가 '리멤버 1219' 행사 때의 그것과 엇비슷하다. 이 청와대 낙루

사건 때문에 국민들은 대통령이 너무 자주 눈물을 흘린다, 이것이 혹시 일종의 계산된 연기가 아닐까하는 의구심을 갖게 된 것이다.

'리멤버 1219' 행사 때와 하위직 공무원 청와대 초청만찬 때 흘린 노 대통령의 눈물은 그 상황과 시기가 고의성을 추측하기에 충분하다. 왜 그런가? '리멤버 1219' 행사는 다음 선거를 위한 워밍업이고, 동시에 노 대통령이 야당으로부터 사방팔방에서 집중적으로 공략 당하는 것으로부터 그를 구원하기 위해 다목적으로 기획된 행사이기 때문이다.

또 최근 노 대통령은 정치적으로 크게 궁지에 몰리게 되었다. 멀게는 작년 중반기부터 대통령은 측근비리에 시달려왔고, 따라서 최측근 참모가 줄줄이 사퇴하기에 이르렀다. 가깝게는 노 대통령이 작년 하반기 외국방문 시 자신에 대한 검찰의 비리사건조사가 상당히 진척했다는 통보를 받은 것 같다. 그리고 아마 조사내용을 전해 듣자 노 대통령은 그의 말대로 '앞이 캄캄했고' 따라서 귀국하자마자 폭탄선언을 하기에 이른 것 같다. 그것은 2004년 총선 전 자신에 대한 재신임을 국민들에게 묻겠다는 내용이다.

당시 노 대통령의 비리사건에 관해 자세히 몰랐던 한나라당과 국민들은 노 대통령의 심중을 헤아리지 못해 갈팡질팡했다. 그러나 이 후 공개된 장수천 변제비리에 노 대통령이 연루되었다는 검찰의 발표를 듣고서야 국민들은 왜 그가 갑자기 신임문제를 제기했는가를 비로소 납득할 수 있었다. 이러한 검찰의 충격적인 발표로 청와대는 한나라당과 언론의 집중적인 공격을 받았다. 한나라당은 이제 대통령은 재신임의 대상이 아닌 탄핵소추의 대상이라고 압박을 가해 왔다.

이런 복잡한 정치 사건의 와중에서 노 대통령이 그의 지지자인 노사모와 하위공무원 앞에서 흘린 뜨거운 눈물이 순수하지 않고 정치적 복선이 깔렸다고 의심하는 것은 자연스러운 일이다. 노 대통령이 노사모가 다시 한 번 자기의 정치적 후원자가 돼주기를 바라는 의도에서 눈물을 흘린 것인지, 아니면 그가 정말 삼겹살 대접을 못한 아쉬움에서 뜨거운 눈물을 흘린 것인지는 아무도 알 길이 없다. 오직 그 자신만이 알고 있을 것이다.

그런데 노 대통령의 눈물을 이제 더 이상 그의 따뜻한 인간미로 보지 않고 정치적 술수로 추측하게 만드는 결정적 사건이 연거푸 터졌다. 그것은 노 대통령의 불법 정치자금 10분의 1 논리다. 노 대통령은 자신이 대선자금 불법모금, 불법사용에 관여되었다손 치더라도 한나라당이나 새천년민주당의 규모에 비하면 10분의 1을 넘지 않을 것이며, 따라서 그의 부정은 사소한 것이라는 주장이다. 그는 만일 조사결과 자신의 불법 선거자금의 총액이 한나라당의 10분의 1을 초과하면 그 때는 사임할 것이라고 강변했다.

더 어처구니가 없는 것은 그가 이 불법 선거자금의 규모를 티코와 그랜저에 비유했다는 점이다. 티코가 휘발유를 썼으면 얼마나 썼겠는가? 그랜저에 비하면 '새 발의 피다'는 식으로 말했다. 그의 막료들은 한 걸음 더 나아가 대통령의 불법대선 자금은 '생계형'이라고 주장했다. 불법 선거자금이 먹고살기 위한 방편이라는 표현은 아마 세계 역사상 그 유례를 찾아볼 수 없는 황당한 해석일 것이다. 배가 고파서 물건을 훔치는 경우를 우리는 생계형 범죄라고 부르고, 이런 범죄에 대해서는 그 사정이 너무 가련해 흔히 관용을 베푼다. 그런데 대통령에 당선되기 위해, 또는 당선된 후 대선자금을 유용한 것이 생계형이라니! 그러면 대통령에 출마한 것도 노 대통령이 먹고 살기 위한 방책이었다는 이야기가 된다. 정말 남이 들을까 목소리를 낮추어 소곤거려야 할 창피한 억지이다.

정리한다면 우리는 대통령의 '10분의 1' 논리, 그 참모들의 '생계형 불법' 주장을 들으면서 다음과 같은 의구심을 떨칠 수 없다. "아하, 그가 지금까지 흘린 눈물도 순수한 것이 아닌 정치적 목적이었을 것이다. 그렇지 않은 다음에야 대통령이 어떻게 서슴지 않고 10분의 1 논리, 티코 주장을 전개할 수 있을까."

이제 노 대통령의 눈물은 그 약발이 다했다는 느낌이다. 물론 아직 노사모들은 그의 눈물에 감동하고 감읍하지만 많은 국민들은 더 이상 뭉클한 감동을 받지 않는다. 오히려 그 눈물의 저변을 의심할 뿐이다. 우리는 갖은 역경에 처했음에도 불구하고 한 줌의 양심을 저버리지 않고 살아온 선량한 서민의 눈물에는 큰 감동을 받는다. 그러나 자신의 부정과 비리의혹에 땅을 치고, 가슴을 치고, 피눈물을 흘리며 석고대죄하기는커녕 티코형 범죄니 생계형 범죄니 하고 그 비리를 순화시키려는 대통령에게 더 이상 따뜻한 사랑을 느끼지 못한다. 그리고 그의 눈물이 안약을 넣은 가짜 눈물과 다르지 않다고 생각하게 된다.

한국인은 정에 약한 민족이다. 그래서 노 대통령이 낙루하면 적지 않은 국민들이 몸 둘 바를 모른다. 그러나 외국의 국가지도자가 눈물을 흘리는 경우는 아주 드물다. 그리고 헤프게 눈물을 흘리는 사람은 미국 대통령이 될 수 없다. 1972년 민주당 대통령 후보 지명전에서 선두주자였던 에드먼드 머스키 상원의원은 자기 부인을 헐뜯은 신문기사를 비난하면서 눈물을 흘리는 모습을 보였다. 머스키는 눈물을 흘린 것이 아니라 주장했으나 언론은 그가 정서적으로 불안하다고 평가했다. 결국 그는 중도에서 하차할 수밖에 없었다.

마찬가지로 케네디 대통령이 총격으로 사망하여 그를 추모하기 위한 추도식을 거행했을 때 케네디 가문들은 눈물을 억제했다. 아버지가 사망한 줄도 모르고 천진난만하게 추도식장에서 재롱을 떠는 그의 아들 존의 행동이 국민을 더욱 오열케 했을 뿐이다.

국가지도자는 국가적 재앙이나 어려움에 처했을 때 눈물을 보이기보다 오히려 이를 이겨나가겠다는 결연한 의지를 표명해야한다. 그래야만 국민이 안심하고 동요하지 않는다. 즉 국가지도자는 나약하고 감정적이어서는 안 된다. 노무현 대통령이 정서적 선거전략으로 대통령에 당선된 것을 의식하고 계속 눈물이란 코드의 정치적 전술을 사용한다면, 이것은 오히려 국민들로부터 냉대를 받을 것이다. 노 대통령이 취임 후 인기가 급감한 원인은 "대통령이 힘들어 못해 먹겠다"라고 직설적으로 표현한 때문이다.

그가 임명한 장관의 동의를 받지 못한 것, 신문에서 대통령을 깎아 내린 것, 특검비리 거부안을 재차 국회에서 통과시킨 것 등등을 헤아려 보면 그가 이런 말을 함직도 하다라고 생각해 볼 수 있지만, 이것은 대통령이 할 말이 아니다. 그의 지도자로서의 능력, 그의 공약을 믿고 대통령으로 선출한 국민들이 이 말을 듣고 얼마나 실망하고 불안해할까? 대통령은 아무리 어렵고 억울해도 감정이 북받쳐 눈물을 흘려서는 안 된다. 아버지가 살기 힘들다고 자식 앞에서 눈물을 흘릴 때 자식의 마음은 아버지를 동정하기에 앞서 불안감에 떨어야한다. 따라서 아버지나 대통령은 공개석상에서 눈물을 자제해야한다. 비록 그것이 개인적이고 억울한 것이라 해도 눈물을 억제하고 장막 뒤에서 남몰래 눈물을 흘려야한다. 대통령이 할 일은 눈물을 참고 반대로 국민의 눈물을 닦아주는 것이다.

그러나 만일 노무현 대통령이 이번 대선자금 비리에 개입했다면 그 때는 단연코 석고대죄하고 피눈물을 흘려 국민에게 사과해야한다. 그것도 찔끔 찔끔 눈물을 흘리는 것으로 부족하다. 무릎을 꿇고 닭 똥 같은 눈물을 펑펑 쏟아야한다. 그래야만 국민이 죄를 용서하고 사면할 수 있다.

이제 국민도 이성적으로 판단해야한다. 대통령을 선출할 때 단순히 그가 나와 비슷한 환경에서 태어났다 해서, 그가 나와 같은 역경에 처했다고 해서, 또 그가 가슴 아픈 사람의 마음을 대변할 수 있다고 해서 무조건 그를 지도자로 선정해서는 안 된다. 후보자가 비전을 갖고 있는지, 정치 수행능력이 있는지, 그리고 무엇보다 도덕적으로 하자가 없는지 등등을 세심히 꼽아야한다. 결론적으로 지도자들은 눈물을 자주 흘리기보다 남몰래 눈물을 흘려야한다. 도니제티의 사랑의 묘약에 나오는 유명한 아리아 '남몰래 흐르는 눈물'을 내가 좋아하는 이유도 바로 여기에 있다.(이훈구, 월간 〈신동아〉, 2004년 2월호)

노무현이 대통령에 당선된 데에는 정몽준 의원의 향배가 도움이 되었다. 정몽준은 FIFA위원 겸 한국 축구협회장이었다. 2002년 월드컵 4강신화의 업적으로 대선에 출마한 뒤 민주당 노무현 후보와 협력관계를 맺었다. 그러던 그가 어쩐 이유에서인지 돌연 노무현과의 결연을 파기했다. 그렇지 않아도 줄곧 이회창 후보에게 밀리던 노무현에게는 청천벽력이 아닐 수 없었다. 결별을 만류하려고 몸소 정몽준 의원 집을 찾아간 그를 정 의원은 문전박대하고 만나주지조차 않았다. 노무현 후보가 집 앞에서 눈물을 흘리는 장면이 매스컴에 크게 실렸다. 그 장면을 보고 많은 사람들이 노무현을 동정하기에 이르렀다. 정몽준 의원으로부터 배신당한 노무현 후보의 측은한 모습에 유권자의 표심이 움직였다.

금상첨화로 의정부 여학생 장갑차 압사사건이 발생했다. 2002년 6월 13일 경기도 양주 시에서 군사훈련 중이던 미군 장갑차에 중학 2년생인 신효순과 심미선 양이 깔려죽는 불행한 사건이 발생했다. 반미주의자들은 이 기회를 십분 이용하여 시청 앞 광장에서 연일 촛불시위를 벌이고 주한미군 철수와 미 대통령의 사과를 강력히 요구했다. 국민들 모두가 꽃띠 여중생을 애도했는데 반미주의자들은 이를 정치쟁점화 했다. 이 정치쟁점이 친북주의자인 노무현에게 큰 도움이 된 것은 말할 것도 없다. 즉 이 사건으로 반미성향이 짙은 젊은 층이 그를 열렬히 지지했다.

그가 이회창 후보를 이긴 또 하나의 전략은 제2수도권 충남 이전이란 선거공약을 개발했기 때문이다. 지금까지 경상도와 전라도에 비해 푸대접을 받아왔다고 생각하는 충청도 유권자의 귀를 솔깃하게 만든

공약이었다. 이런저런 여러 가지 이유로 노무현은 예상을 뒤엎고 불과 50만 표 차이로 제16대 대통령에 당선되었다. 그러나 그는 준비가 되지 않은 대통령이었다. 자주국방을 외치고 미군 재배치와 전작권 조기환수를 요구해 미국과 잦은 마찰을 빚었다. 부시와의 정상회담에서는 부시가 노무현 대통령을 놓고 'This guy'라는 호칭을 할 정도로 회담이 냉랭했다.

국내에서도 잦은 마찰을 빚어냈다. 법무부장관에 40대의 강금실을 임명하고 법무부 인사개혁을 실시했다. 사시 16회 일부까지 고검장급으로 승진시켜 15회 이상 사시출신으로부터 대폭 사표를 유도하게 만들었다. 검사들이 이에 반발해 검찰인사 백지화를 요구했다. 비서진들의 만류에도 불구하고 검사들을 설득하기 위해 평검사와의 대화 자리를 마련하였다. 그리고 이를 TV로 생중계했다. 노대통령은 앞으로 검찰이 개혁해야하고 외부로부터 압력을 받지 않고 독립해야함을 강조하고 이번 인사가 그러한 대승차원의 작업이라고 설명했다. 그러나 평검사들의 대화는 거칠었는데 수원지검의 김 검사가 "취임 전 부산 동부지청장에게 청탁전화를 하지 않았느냐?"고 대통령을 몰아세웠다. 그러자 대통령은 "이쯤 되면 막가자는 것이죠? 청탁전화가 아니었습니다"라고 설명했다(이진, 2005).

대통령이 평검사로부터 모욕에 가까운 질문을 받는 것, 그리고 이에 대해 대통령이 막말 비슷하게 응답하는 광경을 시청한 국민들은 아연 실색했다. 그러나 누가 옳은지를 판단할 길이 없었다.

노무현 대통령이 우리사회의 여러 가지 부정부패를 불식시키려 했고 그 과정에서 먼저 법조인의 문제를 들고 나온 것은 전혀 잘못된 것이 아니다. 그는 전직 변호사였기 때문에 법조계의 부정부패문제를 누구보다도 잘 알고 있었다. 그래서 그는 우리나라에 처음으로 국민참여 재판제도의 도입을 시도했다. 이 국민참여 재판제도는 미국의 배심제를 본 딴 것으로 이에 관해서는 이 책의 3부에서 자세히 논하기로 한다.

노무현 대통령은 취임 초부터 비리추궁에 휘말렸다. 그가 관여했다가 타인에게 양도한 장수천 사건을 비롯해 그의 형 노건평의 뇌물수수 사긴이 연이이 디졌다. 그리고 그는 기자회견 도중 **불쑥** 말을 끼내 큰 문제를 야기했다. 즉 기자회견에서 다음 총선 때 새로 창당한 열린우리당을 지지하고 싶다고 말해 중앙선거관리위원회로부터 선거법 위반이라는 경고를 받았다. 그러나 그는 계속 이를 무시하고 선거발언을 해 결국 국회로부터 한국헌정 사상 처음으로 탄핵을 받았다. 그러나 헌법재판소가 이를 기각했고 노 대통령이 다시 복직되었지만 그의 평판은 이미 만신창이가 되었다.

그의 재임기간 중 새만금 사건, 부안 방사선 폐기장 건설, 서울 외곽순환도로를 위한 사패산 터널, 그리고 금정산 터널을 둘러쌓고 주민과 시행처 간에 갈등이 고조되었다. 그러나 노 대통령은 공사를 강하게 밀어붙이지 못하고 주민들의 여론에 떠밀려 공사가 중단되었다. 경제도 내리막길이어서 세계는 초호황을 맞았으나 한국만 저성장의 늪에 빠져들었다. 반면 그는 김정일에게 계속 막대한 경제적 지원을 아끼지 않았으며, 임기 말에도 북한을 방문하여 김정일로부터 공로를 인정받으려 안간힘을 썼다.

노 대통령은 직설적인 발언, 대통령으로서의 적합하지 않은 언사로 적지 않은 국민들에게 빈축을 샀다. 말년에 그는 자신이 대통령직을 맡은 것을 짐스러워 하고 많은 스트레스를 받았다. 그는 애초에 대통령직을 너무 간단하게 생각했던 것 같다. 그의 식견과 능력은 대통령직을 수행하기에 너무 역부족이었다. 물론 노 대통령이 훌륭한 인재를 발굴하여 그들을 유효적절하게 활용하였다면 별 문제가 없었을 것이다. 그의 선거참모들이 바로 청와대 요직을 차지하였지만 그들 역시 실무경험이 부족한 아마추어였다. 설상가상으로 그의 참모와 측근들이 권력형 비리에 연루되었다.

노 대통령의 불행은 퇴임 후까지 이어졌다. 딸에게 미국 소재 아파트를 불법으로 증여한 사건으로부터 시작하여, 권 여사가 청와대에서 미화 몇 백만 달러를 수수한 사실이 드러났다. 그는 검찰조사에서 '안사람'이 한 것으로 자기는 몰랐다고 변명했지만 국민들은 이를 납득할 수 없었다. 그리고 고급 금시계를 뇌물로 받은 사실이 밝혀졌는데 그는 이것을 받고 창피해 집 밖 논에 내다버렸다고 진술했다. 네티즌들이 이 소식을 듣고 그 논에 가서 시계를 주워야겠다고 야유를 퍼부었다.

퇴임 후 검찰로부터 뇌물수수에 대한 진술을 받은 후 그는 봉화마을로 돌아가 다음날 아침 산에서 투신자살했다. 민주선거에 의해 당선되었던 대통령의 자살은 세계적으로 유일무이한 사건이다. 그가 자살한 이유에 관해서는 아직도 해석이 분분하다. 그를 추종하는 사람들은 검찰의 압박에 의한 스트레스라고 해석하지만, 어떤 사람들은 전직 대통령으로서 뇌물수수죄로 심문을 받은 것에 대한 낭패감과 수치심 탓이라고 주장한다.

이렇게 말도 많고 탈도 많았던 노무현 대통령이어서 그런지 그의 치적에 대한 책은 드문 편이다. 그가 임명한 국정홍보처장이 쓴 책(김창

호, 2005)과 그의 전기를 쓰기위해 고용한 비서(이진, 2005)가 쓴 것이 있으나 이들은 비전문가이고, 노무현 대통령의 입장에서 저술했으므로 노무현 대통령을 객관적으로 평가하지 못했다. 바른사회시민회의(2007)가 학자들을 통해 노무현 정부 4주년을 평가한 책이 있고, 안병진(2007)과 양승함(2006)이 노무현 대통령의 리더십을 평가했다.

천신만고 끝에 행운으로 대통령이 되었지만 비운으로 생을 마감한 노무현 대통령. 그의 평가는 어떻게 내릴 수 있을까? 부족하지만 저자가 입수할 수 있는 자료를 통해 다음과 같이 그의 치적과 실정을 요약해 보고자한다.

(1)노무현 대통령의 치적

노무현 대통령의 공적은 그리 뚜렷하게 내세울 것이 없다. 그는 사회 부조리, 정치부패, 법조계 비리 등을 개혁하려는 노력을 보였지만 대부분 실패작으로 끝났기 때문이다. 그 중 국민참여 재판의 도입이 두드러져 보이지만 그의 재임 중 마무리를 짓지 못하고 아직도 효과를 검증 중에 있어 미완의 작업이 되었다. 물론 국내의 검사나 판사 그리고 변호사 모두가 한결같이 이 제도를 반대하고 있어 미완성을 그의 책임으로만 돌릴 수는 없을 것이다.

경제를 잘 풀어가지 못했지만 전임 대통령들이 추진해온 FTA의 필요성을 느끼고 이를 계속 추진한 것은 천만다행이다. 노 대통령은 칠레와의 FTA를 체결했고 유럽공동체나 미국과도 자유무역협정을 추진해 나갔다.

그의 추종세력이 반미주의자였고 그 자신이 친북주의여서 국민들이 한미 우호관계에 불안을 많이 느꼈고, 사실 그의 재임 중 한미관계가 최악의 상태였다. 그럼에도 이라크 파병문제에 동의하여 약하나마 우호관계가 지속되었다. 그의 치적은 법제도와 경제 두 분야에서 살펴볼 것이다.

　가. 법제도 : (1)국민참여 재판재도의 도입을 시도함 (2)호주제 폐지안이 국회 통과함
　나. 경제 : (1)자유무역협정체결을 추진함, 칠레와 FTA협정을 맺고 미국, 유럽공동체와의 FTA협상을 시작함

(2)노무현 대통령의 실정

　그의 실정은 너무나 많아 이를 모두 기록하기에 벅찰 정도다. 그래서 중요한 것을 몇 가지 분야로 나누어 정리해보기로 한다. 사회. 정치, 국방, 외교, 경제의 5분야로 나누어 조감할 것이다.

　가. 사회 : (1)사회각계각층에서 소요가 발생했음에도 이를 조기에 수습하지 못함. 화물연대파업, 금융노조, 철도노조가 잇달아 파업함 (2)새만금 사업, 부안 방사능 폐기장 건설이 주민의 반대로 중단됨. 사패산과 금정산 터널문제도 조기에 매듭을 짓지 못함 (3)사법부와 연이은 갈등, 법무부 개혁에 대한 3월 검사들의 반란, 대법관 임명에 대해 대법원장을 반대하는 8월 사법파동 등
　나. 정치 : (1)그의 출신당인 민주당으로부터도 배척을 받아 국회와 잦은 마찰을 빚음 (2)열린우리당 지지발언으로 선거법을 위반해 국회로부터 탄핵받음 (3)각료선발이 의외라서 국회동의를 얻지 못한 경우가 많았다 (4)그의 참모 안희정이 뇌물수수혐의로, 그리

고 노무현의 집사로 불린 최도술 비서관이 대선 직후 당선 축하금을 받아 구속됨 (5)신 행정수도건설법 제정으로 정계에 찬 반 논쟁이 가열됨

다. 국방 : (1)자주국방을 외쳤으나 이는 이득보다 손실이 더 많은 정책이었음. 예컨대 미군 전작권 조기 회수 등 (2)대북평화무드 조성으로 군 및 공안당국의 대북경계가 느슨해졌다

리. 외교 : (1)미국과 잦은 외교마찰을 불러일으킴. 한미우호관계가 최악으로 향함. 그럼에 도 불구하고 미국의 요청은 실제로 거부하지 못했음. 예컨대 이라크파병 등 (2)용산기지 이전문제, 동두천기지 오산 이전으로 막대한 이전비용을 떠안음 (3)국내 일부의 반미정서를 통제하지 못해 미국인으로부터 반감을 삼. 예컨대 한총련이 포천 미 8군 종합사격장에 침입해 장갑차위에서 격렬한 시위를 벌임

마. 경제 : (1)내수부진, 수출부진으로 경제가 저성장 늪에 빠짐 (2)부동산, 특히 아파트값이 급등했지만 대책을 마련하지 못함 (3)강남 아파트 값을 통제한다고 고율의 종합부동산 세를 신설해 중산층으로부터 원성을 삼. 그러나 집값은 오히려 더 상승했음 (4)이북에 20만 톤의 비료와 40만 톤의 쌀을 매년 제공해주고 이외에 경협자금으로 막대한 국고를 낭비함 (5)제2행정수도 건설로 국가가 수십조 원을 지원해야함

(3)노무현 대통령의 리더십
노무현 대통령이 민주당의 추천으로 대통령에 당선되었지만 그는 민

주당으로부터도 취임 초부터 배척을 받았다. 거기다 한나라당이 국회 의석을 독점하여 국회로부터 시달림을 받았다. 국무위원의 국회 임명 동의를 얻지 못해 후보를 자주 바꾸어야했다. 그리고 드디어 자신이 국회로부터 탄핵을 받았다. 그래서 그는 추종자들이 창당한 열린우리당을 지원하여 다음 총선에 재기를 노렸으나 이도 실패했다.

국민들로부터의 신임도 급격히 떨어졌다. 아마 역대 대통령 가운데 임기 중의 국민신임도가 최하위를 기록했을 것이다. 그렇게 된 원인은 정치, 경제, 외교에서 지도력을 발휘하지 못한 탓이다. 즉 국회와의 잦은 마찰로 탄핵을 당하고 경제가 4% 이하의 성장을 보였으며, 한총련 등의 잦은 반미시위로 미국과의 우호관계에 금이 갔다. 금융노조, 철도 노조를 포함한 노동조합의 파업, 여러 가지 정부사업을 저지하는 주민들의 데모(부안, 금정, 사패, 새만금사업 등에서 보인)로 사회가 항상 불안했다. 설상가상으로 그의 친인척, 특히 형인 노건평의 뇌물수수 사건, 그리고 참모들의 비리 사건으로 만신창이가 되었다.

대통령의 언사도 대통령다운 언사가 아니어서 품격을 떨어뜨렸다. 노 대통령이 강조했던 개혁과 부정비리 척결은 지지부진했다. 또 청렴 정치의 표방도 자신이 불법증여와 뇌물수수에 관여된 것으로 추정되어 크게 빛이 바랬다.

새로운 인물을 발탁해 참신하고 효율적인 정부를 구성하려던 야심은 경험이 부족하고 검증되지 않은 인사들의 발탁(예컨대 교육부 장관, 국정원장)으로 실패로 돌아갔다. 노 대통령은 취임 초기에는 강력한 의지로 출발했지만 이내 검란(檢亂), 탄핵, 사법파동으로 점점 위축되어갔다. 그래서 거의 국정을 각료에게 맡기고 이를 수수방관하는 방임적 리더가 되었다.

노태우 대통령과 마찬가지로 그는 집권 말기에 식물대통령이 되었고 자기의 역할을 북한과의 교류에서 찾고자했다. 퇴임 직전 그는 김정일과 영수회담을 갖고 기념식수를 할 요량이었다. 식수로 큰 나무를 원했지만 북한은 초라한 나무로 대신해 그의 마음을 아프게 했다. 김대중 대통령과 마찬가지로 노무현 대통령도 북한이 요구하는 것은 거의 수용했지만 반대로 우리가 얻은 것은 서해교전이었고, 금강산 관광객 피살이었다. 그 후에도 천안함, 연평도 포격사건의 시련뿐이었다.

왜 노무현 대통령은 영도력을 발휘할 수 없었는가? 우선은 인사에서 친북주의자를 많이 등용한 것, 전문가가 아닌 아마추어를 기용한 것, 그리고 그의 친인척 및 참모들의 부정과 비리로 신망을 잃었기 때문이다.

대통령의 역할이 무엇인지, 어떻게 국정을 이끌어가야 할 것인지, 나라를 발전시키려는 비전이 무엇인지에 대한 성찰과 학습 없이 대통령이 된 노무현에게 영도력이 발휘될 수 없었던 것은 너무나 당연한 일이었다. 이렇게 준비가 안 된 대통령이 취할 리더십은 책임자에게 일을 맡기고 자기는 그저 옆에서 지켜볼 수밖에 없는 방임주의 리더십뿐이다.

3장
누가 훌륭한 대통령인가

앞의 두 장에서 두 가지 측면에서 한국 대통령을 평가했다. 첫째는 경제적 치적을 잣대로 7명의 대통령을 상호 비교 평가했다(이명박 대통령은 아직 임기 중이라 제외했다). 둘째는 각 대통령의 치적을 개별적으로 평가했는데 여기에는 공적과 실정의 두 가지로 나누었다. 따라서 독자들은 이제 과연 7명의 대통령 중 누가 훌륭한 대통령인지를 대충 짐작할 수 있을 것이다.

그러나 여기서 제시한 잣대만이 대통령을 평가하는 준거가 될 수는 없다. 그래서 여기서는 다른 나라에서 대통령을 평가할 때 어떤 잣대를 사용하는지를 살펴보고, 그것이 우리나라의 대통령을 평가하는데도 도움이 될지 검토하면서 7명의 한국대통령을 종합적으로 평가하기로 하자.

1. 대통령의 평가공식

미국의 정치학자 사이먼튼은 대통령의 위대성을 결정하는 요인과 그 상수를 다음과 같이 제시했다(김충남. 1998에서 재인용함).

위대성= 1.24(대통령)+0.17(재임 연수)+0.26(전쟁)−1.17(스캔들)+0.89(암살)+0.82(영웅)

첫 번째 요인 '대통령'은 대통령의 자질과 리더십을 말하는 것으로 이는 제일 높은 상수를 지닌다. 둘째 요인은 재임기간인데 재임기간이 길수록 훌륭한 대통령으로 평가되기 쉽다. 미국의 경우 루스벨트가 16년이고, 박정희가 18년이며, 이승만은 12년, 전두환은 8년이다. 재직기간이 길어야만 공적을 쌓을 기회가 더 많기 때문이다. 따라서 우리의 단임 5년은 미국과 같이 중임 4년으로 바꾸어야할 것이다.

전쟁을 지휘한 대통령도 훌륭한 대통령 평가에 도움을 주지만 그렇게 많은 영향을 주지는 않는다(상수=0.26). 전쟁을 치른 대통령의 면모를 살펴보면 루스벨트와 처칠은 제2차 세계대전을 지휘했고, 투르먼과 이승만은 한국전쟁을 치렀다. 그런데 외국의 두 대통령과 한 명의 수상은 모두 위대한 지도자로 추앙받는다. 이승만도 앞에서 언급했지만 최근 한국에서 그를 재평가하여 건국대통령, 공산주의를 물리친 호국대통령으로 추앙하는 추세다.

스캔들은 대통령의 불미한 사건이나 사고를 지칭하는 것으로 미국 닉슨의 워터게이트 사건이 이에 해당한다. 스캔들은 대통령 평가에 부정적으로 작용한다. 한국의 경우는 전두환, 노태우, 노무현 대통령이 정치자금을 사취했거나 뇌물을 수수했다. 닉슨도 실패한 대통령으로 간주되고 노태우와 노무현도 한국에서 실패한 대통령으로 평가될 수 있다.

대통령이 암살된 것도 대통령 평가에 긍정적으로 작용한다. 미국의 경우, 링컨과 케네디가 재임 중 암살 당했고 한국은 박정희가 시해되었다.

끝으로 어떤 사람이 영웅으로 칭송받은 다음 대통령이 된 경우 이 영웅요인이 위대한 대통령으로 평가받는데 긍정적으로 작용한다. 아이젠하워는 제2차 세계대전 중 유럽전선에서 영웅이었다. 이승만도 독립운동의 영웅으로 귀국하여 대통령이 되었다.

사이먼튼의 공식은 아마도 한국에도 적용될 수 있을 것 같다. 그런데 그의 공식 중 첫 번째 요인인 '대통령'은 대통령으로서의 자질과 리더십을 말한다. 그래서 아래에서 대통령의 자질과 리더십의 내용에 따라 대통령을 평가하기로 하자.

2. 위대한 대통령의 자질

로시터는 역대 미국 대통령을 연구하여 위대한 대통령의 자질로 6가지를 추출하고, 그 자질 각각에서 높은 평가를 받은 대통령을 열거했다 (김충남, 1998에서 재인용함). 이제 그것을 요약하고 이 자질 상에서 훌륭한 우리 대통령이 누구인가를 고찰해 보기로 한다.

첫째, 위대한 대통령은 위기에서 빛났다. 위대한 대통령은 국제적 위기나 국가적 재난을 성공적으로 극복했다. 링컨은 남북전쟁을 종식시켰고, 월슨은 제1차 세계대전 후 혼란한 세계를 UN을 창건하여 통합하였다. 루스벨트는 대공황을 극복했다. 한국의 경우 이승만이 소련의 적화통일 야욕을 알아차리고 이를 저지하여 대한민국을 탄생시켰다,

둘째, 훌륭한 대통령은 상상력이 풍부하고 어려운 정책결정 시 결단

을 내리는 용기를 가진 사람이다. 케네디의 쿠바 미사일 기지 봉쇄, 트루먼의 원폭투하 결정은 결단이었다. 한국의 경우 이승만은 남한의 단독정부 수립, 반공포로를 석방했다. 박정희는 학생과 정치인들의 반대를 무릅쓰고 한일국교 정상화, 경부고속도로 건설, 월남 파병, 중화학공업을 육성했다.

셋째, 위대한 대통령은 국가 위기상황에서 적극적으로 대처했다. 데오도어 루스벨트는 대공황에 적극 대처했고. 트루먼은 마셜계획과 NATO를 결성했다. 박정희의 군사혁명도 국가위기상황을 탈출하기 위한 것이었다(김충남, 1998).

넷째, 성공한 대통령은 뛰어난 조직관리자이며 훌륭한 행정가였다. 루스벨트, 아이젠하워, 트루먼은 뛰어난 조직관리자였다. 한국의 경우, 박정희, 전두환이 조직을 잘 관리했지만 노태우, 김영삼, 김대중, 노무현은 그렇지 못했다.

다섯째, 성공한 대통령은 유능한 인재를 적재적소에 배치했다. 루스벨트, 트루먼, 그리고 케네디가 당대 최고의 인재들을 영입했다. 한국의 경우는 박정희, 전두환이 유능한 인재 특히 기술 관료를 선호했다. 그러나 노태우, 김영삼, 김대중, 노무현은 기술 관료보다는 정치적 실세를 등용했다.

여섯째, 훌륭한 대통령은 인기가 있다. 케네디, 레이건이 국민으로부터 사랑을 받았다. 박정희는 농촌이나 서민층에게서 인기가 있었다. 이승만은 초기에는 전 국민으로부터 사랑을 받고 존경을 받았지만 독재와 경제부진으로 인기가 하강했다. 나머지 한국대통령은 모두 인기가 없었다.

3. 위대한 대통령의 리더십

대통령이 위대한 대통령으로 대두되는 것은 대통령의 자질이 크게 작용하지만 그 외의 큰 변수가 있다. 그것은 대통령이 처한 환경이다. 예컨대 이승만 대통령은 카리스마적 대통령이라고 말했는데, 그가 그렇게 카리스마적 대통령이 될 수 있었던 것은 우선 그의 자질이 뛰어나 영민하고 세계정치에 밝았다. 둘째로 그의 재임시절 우리나라의 정치와 사회상황이 그에게 유리했기 때문이다. 즉 당시 우리나라 국민의 교육수준은 문맹률이 높아 그의 높은 학식에 압도당했다. 그리고 소련이 유럽을 공산화하고 남한도 적화할 의향이었다. 국제정치가 냉전 초기로 돌입하여 미국과 소련 사이에 냉전이 시작되었는데 이승만이 이를 간파하고 미국을 잘 이용하였다.

만일 이승만이 현 시대의 대통령이 되었다면 카리스마적 리더가 될 수 있었을까? 아마도 불가능했을 것이다. 왜냐하면 국민의 교육수준이 상당히 향상되었고 각 사회에 민주주의가 폭넓게 확산되었기 때문이다. 따라서 훌륭한 대통령이란 상황을 잘 판단하고 거기에 적합한 자기의 자질을 배합하는 것이다.

그림 2. 대통령 리더십 평가모델

리더십	시대, 정치적 여건	
	긍정적	부정적
적극적	혁신가	좌절형
소극적	대응가	실패형

미국의 정치학자 로즈가 시대적 상황 또는 정치적 여건과 대통령의

리더십 스타일이 서로 조화를 이룰 때에만 리더십이 성공할 수 있다는 견해를 발표하여 다음과 같은 모델을 제시하였다(김충남, 1998에서 재인용함).

앞의 그림에서 혁신가(innovator)로 평가되는 대통령은 리더십의 자질이 적극적인 대통령이 자기에게 긍정적, 정치적, 시대적 여건을 맞는 경우다. 앞에서 말한 바와 같이 미국의 경우 루스벨트와 트루먼이 혁신가적 대통령으로 평가받는다. 한국의 경우 이승만, 박정희, 전두환이 이에 속한다. 위에서 지적한 바와 같이 이승만은 시대와 정치상황이 그의 리더십에 잘 어울렸다. 그래서 과감한 리더십을 발휘했고 그래서 성공했다. 이는 박정희도 마찬가지인데 그는 국민을 굶주림에서 해방시키자는 신념을 갖고 경제개발에 착수했으며 기아에 허덕이는 국민들에게 이는 아주 유효적절한 목표였다. 그래서 그의 적극적인 리더십이 행사될 수 있었다. 저자는 그를 행정가형 리더라고 평했는데 그의 강한 의지와 꼼꼼한 행정능력은 경제개발이 차질 없이 진행되는데 큰 역할을 했다.

만일 대통령을 둘러싼 시대와 정치적 상황이 긍정적이라면 소극적인 리더십을 펼치더라도 괜찮은 대통령으로 평가받을 수 있다.(그림 2에서 대응가) 미국의 아이젠하워 대통령이 경제문제나 사회문제에 방임적 자세를 취했다. 즉 그는 베트남에서 프랑스군이 철수했어도 이에 개입하지 않았고 한국전쟁을 종식시키는 등 소극적 자세를 취했다. 이렇게 자국의 평화를 위해 전쟁에 휘말리지 않은 그의 소극적 리더십이 오히려 미국을 안전하고 평화롭게 만들었다. 아이젠하워나 트루먼은 최근에 이르러 미국 정치평론가들로부터 훌륭한 대통령으로 평가받는데 그 큰 원인은 조용하게 소극적으로 국제정치에 임하되 자국의 이익을 최대로 견지했기 때문이다.

한국의 노태우나 노무현은 소극적 리더십을 행사한 사람이다. 노태우 대통령이 집권하면서 각 사회, 정치조직에서 민주화바람이 일어나고 경제는 저성장으로 기울었다. 국민들이 사회가 안정되기를 염원했다. 즉 당시의 사회적 시대적 상황은 그에게 적극적인 리더십을 행사하기를 기대하는 상황이었지만 그는 성격상 정치적 사회적 혼란에 적극 개입하지 않았다. 그래서 그는 실패한 리더가 되었다.

노무현도 시대와 정치상황이 크게 불리했다. 즉 그는 자기를 지지하는 국회나 당 세력도 없었고 다만 얼마 되지 않은 추종자들로부터 지지를 받을 뿐이었다(즉 노사모). 설상가상으로 취임 초기에 선거부정 개입으로 국회에서 탄핵을 받는 바람에 리더십에 큰 상처를 받아 소극적인 리더십을 행사할 수밖에 없었다. 따라서 그도 실패한 대통령으로 평가된다. 미국의 후버 대통령이 대공황에 직면했지만 적극적인 대처를 하지 못하고 낙관론에 흘러 결국 실패한 대통령이 된 것이나 진배없다.

적극적인 리더십을 가졌지만 시대적 정치적 상황이 불리했던 대통령은 김영삼과 김대중이다. 우선 김영삼은 시대가 변해 국민이 정치보다는 경제발전에 더 많은 관심을 갖고 있는데도 불구하고 한국병, 즉 정치 및 경제부패를 척결하는데 골몰했다. 그는 야당정치가로 오랫동안 정치투쟁을 해왔기 때문에 정치에만 심혈을 기울였고 경제도 경제발전을 모색하기 보다는 경제적 부정부패 척결에 치중했다. 경제를 잘 읽지 못하고 경제낙관론에 빠져 그는 결국 나라를 국가부도로 몰고 갔다. 그래서 그는 좌절한 대통령이 되었다.

이는 김대중도 마찬가지다. 김대중이 외환위기를 벗어나기 위해 경제문제에 골몰했고 구조조정에 착수했다. 그래서 국제통화기금으로부터의 차입금을 불과 3년 내에 모두 상환했다. 그러나 그는 곧 경제침체기를 맞았으며 경기부양책으로 신용카드를 남발하는 등 실패를 계속했다. 정치를 너무 좌편향해 국민의 반대에도 불구하고 북한에 막대한 경협을 제공했으며 경제가 다시 저성장에 빠졌다. 적극적 리더십이 그가 처한 상황에 맞지 않아 그는 김영삼과 마찬가지로 좌절한 대통령이 되었다.

이상으로 훌륭한 대통령을 평가하는 두 가지 측면, 즉 자질과 리더십 측면을 살펴보고 미국과 한국의 대통령을 평가했다. 먼저 자질상에서 로시티가 제안한 6가지가 한국에도 적용될 수 있음을 알 수 있었다. 그러나 저자가 생각하기에 한국 대통령 자질 평가에 도덕성이 추가되어야할 것 같다. 미국의 경우는 닉슨대통령이 워터게이트 사건으로 거짓말을 많이 하고 그래서 탄핵을 받았다. 닉슨의 도덕성에 식상한 미국민은 그래서 그 다음 대통령으로 도덕정치를 슬로건으로 내세운 카터를 뽑았다. 그러나 카터는 재임 중 도덕적 정치를 강조하고 정치와 경제발전에 관심을 기울이지 않았다. 그래서 미국정치가들은 훌륭한 대통령을 재는 잣대로 도덕성을 중시하지 않는다. 미국에서 대통령의 도덕성을 중요한 잣대로 간주하지 않는 또 다른 이유는 미국이 건국 200년이 넘는 시기 가운데 축재로 부도덕한 대통령이 없기 때문이다.

그러나 한국의 대통령은 어떤가? 7명의 대통령 중 전두환, 노태우, 노무현이 모두 정치자금을 유용했다. 특히 전두환 대통령은 사회 안정, 경제발전을 이룩한 업적을 쌓았음에도 불구하고 막대한 정치자금을 유용한 대통령이기에 우리가 그를 훌륭한 대통령으로 간주하기가 불편하다. 7명의 대통령 중 아직까지도 부정축재하지 않은 대통령으로는 이승만, 박정희, 그리고 김영삼 대통령뿐이다. 김영삼 대통령도 자신은 청렴했지만 아들이 뇌물을 수수해 수감되어 청렴도 문제에서 자유롭지 못하다.

이상으로 대통령의 리더십은 자질과 함께 그가 처한 시대적 정치적 상황이 유리한지 아니면 불리한지에 따른다는 로즈의 리더십 모델을 살펴보았다. 그리고 이 모델에 따른 우리나라 대통령의 리더십을 살펴보고 그 효과를 살펴보았다. 그 결과 로즈의 이론이 미국뿐 아니라 한국 실정에도 적용될 수 있음을 알 수 있다.

4장

우리는 어떤 대통령을
뽑아야하는가

우 리는 18대 대통령 선거를 불과 10개월 남짓 남겨놓고 있다. 아직 대통령 입후보자들은 결정되지 않았다. 설사 결정되었더라도 여기서는 누구를 지지해야한다고 진술할 수 없다. 그러나 우리는 어떤 사람이 대통령이 되어야할지를 심각하게 논의할 필요가 있다. 그 이유는 국내외적으로 여러 가지 난제가 산적해 있기 때문이다. 우선 국제적으로는 경제위기가 그대로 지속되고 있다. 미국이 5년간의 서브프라임 모기지 충격에서 벗어나고 있지만 그 회복속도가 느리다. 그리고 유럽은 금융위기로 국가부도 사태가 속출할 조짐이다. 그래서 우리의 경제성장률은 과거 어느 때보다도 낮추어 잡아야한다.

한편 국내 경제는 그간 수출입 1조 달러 시대로 돌입했지만 중소기업과 서민경제는 고통스러운 상황이다. 실질적인 청년실업률이 몇 년간 10%를 웃돌고 서민가계는 적자다. 잇단 외국과의 FTA협약으로 수출의 문이 넓어졌지만 농업과 어업은 큰 타격을 받을 것이다. 국민생활 경제가 엉망이고 소득격차가 커 복지문제가 정치권의 핫 이슈로 떠오르고 있다.

이렇게 국내외 상황은 그 어떤 지도자가 대통령이 되어도 쉽지 않은 불리한 상황이다. 민주화, 그리고 자기주장이 사회곳곳에서 강력해져 옛날과 같이 국정을 강력하게 밀어붙일 수 있는 상황도 아니다. 국회를 설득하고 국민의 이해를 높이며 여러 사회조직과 끊임없이 대화를 해야 대통령직을 성공적으로 이끌 수 있다.

이러한 우리의 시대적, 정치적 상황은 다음 대통령이 적극적인 대통령의 자질을 갖춘 사람이어야 함을 의미한다. 우리의 국내외적 정치적, 경제적 상황은 어둠이 깊어 이를 그대로 방관하는 소극적 리더가 되어서는 안 된다.

무엇보다도 다음 대통령은 경제를 제일 중시하는 사람이어야 한다. 다른 나라도 최근에 이르러서는 정치대통령보다 경제대통령을 더 원한다. 그만큼 경제가 국민들에게 시급한 문제이기 때문이다. 클린턴이 민주당 대통령으로 당선되었지만 오히려 공화당보다도 더 자유시장주의를 신봉하는 경제제일주의를 택해 경제를 되살렸다. 이는 영국의 토니 블레어도 마찬가지다 그는 노동당의 복지정책을 포기하고 경제 살리기 운동에 앞장섰다(김충남, 1998에서 재인용함).

경제를 우선시해야 할 뿐만 아니라 대통령은 정치를 경영자 식으로 이끌어 가야한다. 즉 경영자적 관리능력이 요구된다. 박정희 대통령은 관리능력이 뛰어났고 이는 전두환 대통령도 마찬가지다. 반면 노태우,

김영삼, 김대중, 노무현 대통령은 관리능력이 부족했다. 관리능력은 유능한 인재를 발견하고 그를 적재적소에 배치하는 것을 말한다. 그런데 위의 4명의 대통령은 이런 능력이 부족했다.

대통령이 경영자 능력만 가지고는 부족하다. 그 이유는 국가는 기업조직이 아니고 대통령의 권력은 국민으로부터 파생하기 때문이다. 그러므로 대통령은 국민을 설득하는 능력을 갖고 있어야한다. 이승만은 초기에는 설득능력이 높았다. 그러나 말기에 가서는 국민설득을 태만히 했다. 박정희는 그의 경제개발계획이 국민을 설득할 수 있는 훌륭한 계획이었다. 그래서 국민과의 대화를 통해 지지를 구하기가 쉬웠다. 하지만 군부 쿠데타로 정권을 잡은 강성 이미지의 리더여서 국민에게 쉽게 다가갈 수 없었다. 그를 이은 전두환도 관리능력이 뛰어났지만 설득력이 부족했다. 김영삼 대통령은 연설을 좋아하여 초기에 국민과 대화를 많이 했지만 점차 인기를 잃어 그 빈도가 줄어들었다. 노태우, 김대중, 노무현 대통령들 관리능력도 설득능력도 부족한 지도자였다.

이제 우리는 차기 대통령을 선출해야하는 중차대한 시점에 놓여있다. 표를 의식해 복지혜택을 광범위하게 펼치겠다는 대통령 입후보자가 등장할 것이다. 정치, 사회개혁을 외치고 부패와 부조리, 소득격차를 타파하겠다는 혁신적 후보자도 등장할 것이다. 북한과의 타협을 중시하자는 친북파도 등장할 것이다. 여기서 어떤 주장, 정강, 공약을 내세우는 사람을 선택해야한다고 일률적으로 말할 수는 없다. 그 이유는 우리는 대통령을 스스로 결정할 권리와 자유를 갖고 있기 때문이다.

그러나 우리는 대통령을 뽑으면서 그 어느 때보다 신중해야한다는 것을 잊지 말아야한다. 그 이유는 대통령선거에서 보수·진보문제, 전반적 복지·점진적 복지문제가 대통령을 결정할 중요한 선거이슈가 될 것이기 때문이다. 내가 전반적 복지정책을 주장하는 사람을 선정해야하는가, 아니면 점진적 복지정책을 주장하는 사람에게 표를 던져야할 것인가를 결정해야만 한다. 그 결정을 위해서는 유럽과 남미의 복지정책이 몰고 온 결과를 눈여겨 보아야한다. 복지정책의 확대로 국가부도 사태를 맞이한 그리스, 스페인, 이탈리아의 사태를 주시해야한다, 그리고 남미 아르헨티나의 경우도 잘 연구해 보아야한다.

진보·보수의 문제는 미국에서는 이미 끝난 이슈다. 왜냐하면 진보를 주장하는 민주당 대선후보가 당선되면 민주당의 노선을 과감하게 버리고 공화당의 보수정책을 채택하여 오히려 공화당보다 더 친시장적 경제를 펼치기 때문이다.

우리 정치계의 진보는 외국의 진보가 아닌 급진 또는 좌파, 즉 공산주의자라는 것을 잊지 말아야한다. 세계의 그렇게 많았던 공산주의 국가가 오늘날엔 북한 한 나라만 남아 있는 것과 마찬가지로 정치노선에서 급진(우리나라에서는 진보로 가장함)을 정강으로 취하는 나라는 우리나라뿐이다. 우리가 앞으로의 정치적, 경제적 노선을 잘못 선택하면 다시 국가부도국가로 전락할 수 있음도 국민 각자가 명심해야한다.

제 3 부

법조인의 리더십

법조인은 나라의 정의를 구현하는 임무를 맡은 리더다. 정의란 인류가 추구하는 목표 중 제일 거룩하고 인간사회 유지에 필수불가결한 요소이다. 정의가 구현되지 않는 나라에서는 약자들이 핍박을 당하고 비리와 부정부패가 판치며 국민이 행복할 수 없다. 반대로 비록 잘 살지는 못해도 정의가 바로 선 나라는 국민들이 정직하고 사회 불평등이 없으며 국민이 자부심을 갖는다. 따라서 법조인이 한 나라에서 차지하는 역할은 그만큼 막중한데 법조인의 리더십이 한 나라의 기강을 좌우하기 때문이다.

한국 법조계의 문제점

다음과 같은 퀴즈가 얼마 전 〈조선일보〉에 실렸다. 한번 풀어보자.

문 : ○○를 채우세요.

"20년 동안 맞았어? 이혼당할 만하네. 쭈욱 그렇게 살아" 당사자에게 ○○가 말했다. 막말한 ○○…

답 : 판사

이어 신문기사는 "20년 동안 맞고 살았으니 앞으로도 그렇게 살아"라는 제목으로 다음과 같은 기사를 실었다.

서울변호사회 사례 발표 "이혼 재판 도중 한 판사가 여성에게 이렇게 반말로 호통쳤다. "당신이 알지 내가 (어떻게) 알아?" "이혼당할 만하네" 하고 막말한 판사도 있었다. 서울지방변호사회(회장 오욱환)는 17일 2011년도 법관 평가 결과를 발표했다. 소속 변호사 395명을 대상으로 설문조사를 벌여 전국 법관 939명에 대한 평가 결과를 내놨다. 공정성(40점), 품위·친절성(20점), 직무 능력(40점) 3개 분야로 나눠 평가했는데 평균 점수는 73.9점이었다. 지난해 77.7점보다 더 떨어졌다. 최하위 법관 9명의 평균 점수는 38.1점이고, 23.3점을 받은 법관도 있었다. 4년 연속 최하위 법관으로 선정된 서울 지역 법원의 정모 부장판사는 당사자들을 무시한 재판으로 원성을 샀다. 한 변호사는 "재판 한 번 하고 판결을 내리는 경우도 많다"며 "당사자들에겐 인생이 걸린 문제인데 너무 쉽게 판결을 했다"고 말했다. 또 다른 변호사는 "정 판사는 사건 대부분을 청구 기각해 재판 결과를 미리 가늠할 수 있을 정도"라며 "처음부터 항소할 것을 염두에 두고 재판에 들어간다"고 했다. 이 외에도 ▲한쪽 상대방에게 "저도 이 금고에서 돈 좀 빌리고 있습니다. 지점장은 안녕하시지요?"라고 말한 판사 ▲피고인이 최후 진술을 하는 도중 뒤돌아 앉아 벽을 바라본 판사 ▲법정에서 변호사에게 "모르면 좀 아는 사람한테 물어보고 서면(문건)을 내라. 내가 안 된다고 했잖아?"라고 모욕을 준 판사 ▲참고인에게 "당신은 사기꾼이야!"라고 말해 조정을 망친 판사 ▲당사자가 조정에 이의를 제기했는데도 선고를 미루며 조정을 강요한 판사 ▲자기 위주로 무리하게 재판 일정 잡아 재판 때마다 당사자를 2시간 넘게 기다리게 한 판사 등도 문제 판사로 꼽혔다. 최근 경남지방변호사회(회장 최학세)가 발표한 결과에도 황당한 경우가 있었다. 경남지역 이모 부장판사는 변호사들로부터 "1년 동안 재판 날짜를 잡지 않아 의뢰인의 원성이 하늘을 찌른다"는 평가를 받아 하위권으로 분류된 것으로 알려졌다."(최종석 기자 〈조선일보〉 2012년 1월 18일)

만약 선진 외국에서 위의 신문기사를 읽었다면 기절초풍했을 것이다. 판사는 공명정대해야하고 국민으로부터 존경을 받아야한다. 그런데 위의 결과를 보면 한국판사는 공정하지도 않을 뿐 아니라 품위도 상실해 도저히 국민으로부터 존경을 받을 수 없다. 판사가 내린 스스로의 평점이 C학점이라면 이는 보통 문제가 아니다.

이 책의 '머리말'에서 잠깐 언급했지만 한국 법조인의 도덕적 해이는 이미 도를 넘어섰다. '전관예우', '무전 유죄, 유전 무죄'라는 말이 한국 법조계의 치부를 대변한다. 법원장, 부장판사, 검사장, 부장검사들이 옷을 벗고 변호사로 개업하면 그가 수임한 사건에 유리하게 재판을 하는 것이 바로 전관예우다. 또 돈 있는 사람들은 돈 없는 사람들에 비해 유리하게 재판을 받아 결국 죄의 유무는 돈에 달렸다는 말이 '유전무죄, 무전유죄'다. 한 걸음 더 나아가 최근 젊은 법조인들의 정치적 편향이 두드러져 '머리말'에서 예를 든 바와 같이 전교조의 불법을 옹호하고 한미 FTA조약을 반대하고 있다.

왜 한국에서는 선진 외국에서 볼 수 없는 법조인의 비리와 추태가 발생하고 있는가? 과거 한국에서는 법조인들이 존경을 받았다. 저자는 얼마 전 작고한 정귀호 전 대법관에게 과거 한국 법조인들은 국민으로부터 존경을 받았는데 그 이유가 무엇인가하고 물었다. 그는 과거 법조인들은 대부분 독립운동을 했던 분이라서 애국심과 정의감이 투철했다고 말한다. 저자는 김병로 대법원장이 이승만 대통령의 압력에 굴하지 않고 꿋꿋이 사법부를 지켜나갔고, 당시 법조인들이 박봉에도 불구하고 금전수수에 휘말리는 사건이 없었다는 사실을 기억하고 있다.

그런데 오늘날 우리나라 법조계는 어떻게 해서 이런 꼴이 되었을까? 우선은 법조인이 과거와 달리 소수 정예가 아닌 대량 생산되었기 때문일지 모른다. 금년(2012년) 41기 사법연수원 수료생은 1030명이다. 이렇게 매년 1천 명이 넘는 법조인이 생산되다보니 그 중에는 별난 사람이 다 섞일 수도 있다. 그러나 그것은 변명에 지나지 않는다. 대량생산이라고 해서 자격미달의 법조인이 탄생하란 법이 없고 또 그래서도 안된다. 그렇다면 법조인의 임용제도에 문제가 있을 것이다.

최근까지 우리나라에서 법조인이 되는 방법은 사법고시를 치르는 것이다. 그런데 사법고시는 옛날의 과거와 마찬가지로 응시자격에 제한이 없다. 누구든 시험을 쳐 합격하면 법조인의 자격이 부여된다. 물론 그전에 사법연수원에서 교육을 받는다. 그러나 사법연수원에서 받는 교육은 주로 실무교육일 것이고 연수생의 인성, 가치관, 신념을 가르치지는 못할 것이다. 그 이유는 우리의 인성이나 인생관은 어렸을 때 가정과 학교에서 길러지기 때문이다. 즉 오랜 시간에 걸친 가정교육과 학교교육을 통해 개인의 품성과 인격이 형성된다. 그런데 품성과 가치관이 제대로 형성되지 않은 사람이 고시에 합격할 수 있다

법조인들에게는 품성교육 이외에 다방면의 지식이 필요하다. 좀 더 거창하게 말하면 법조인은 인간에 대한 깊은 통찰과 인간이 어떤 존재인가에 대한 해박한 지식이 있어야한다. 인간과 인간 삶을 모르고 인간을 재판한다는 것은 인체구조를 알지 못하는 의사가 수술을 집도하는 것과 같다. 또 법조인은 현대 인간생활에 대한 폭넓은 이해와 판단이 있어야한다. 왕따현상이 왜 일어나고 어떤 효과를 가져오는지, 성추행이 피해자에게 어떤 심리적 후유증을 일으키는지를 잘 알아야한다. 그래야만 그와 관련된 사건에서 가해자에게 마땅한 형을 내릴 수 있다. 그런데 지금까지 한국 판사들의 재판을 보면 시류에 영합하고 있다는 느낌

을 지울 수 없다. 전에는 성 추행범에 대해서 약한 형, 예컨대 징역 2, 3년을 구형하다가 최근에 이르러 나영이 사건 등이 터지고 사회에서 성 추행에 대한 비난이 들끓자 성 추행범에 대한 실형이 대폭 엄중해졌다. 이는 왕따 사건에 관해서도 마찬가지다. 왕따 피해자가 가해자를 고발했어도 이 사건을 심각하게 다루지 않다가 최근에 태도가 바뀌었다.

이렇게 우리나라의 재판이 시류에 흔들리는 원인은 어디에 있는가? 법조인들이 한국 사회에서 벌어지고 있는 여러 가지 문제를 잘 인식하고 있지 못하기 때문이다. 고등학교만 졸업한 학생이 두문불출하고 육법전서를 꿰뚫어 사법고시에 합격했다고 가정해 보자. 그는 아직 올바른 가치관, 인성, 품성은 물론이고 한국사회에서 벌어지고 있는 각종 사건에 무지할 수밖에 없다. 왜? 그가 사회와 격리해 골방에서 공부만 했기 때문이다. 그런 그가 사법연수원에서 교육을 받고 판·검사에 임명된 후 어떤 식으로 재판을 할 것인지는 불문가지이다.

이런 사법고시의 문제점을 인식하여 최근에 우리나라에 로스쿨제도를 도입했다. 이는 서구식의 법조인 양성제도와 비슷하다. 즉 대학에서 로스쿨을 졸업한 후 변호사시험을 보게 하여 법조인의 자격을 부여하는 제도이다. 로스쿨을 졸업한 사람은 우리가 바라는 소양을 갖출 가능성이 많으므로 기대하는 바가 크다. 즉 이들은 일반 대학생처럼 인문학은 물론 여러 사회과학을 공부하고 또 사회를 들여다보아 인간에 대한 이해의 폭을 넓힐 수 있기 때문이다. 그러면 한국 법조계의 고질적인 문제, 즉 부정부패와 불공정 재판이 모두 제거될 수 있을까? 저자의 생각은 부정적이다. 왜 그런가? 우선 우리나라 재판제도에 문제가 있기 때문이다.

2장

한국재판 제도의 문제점

한국 재판제도는 재판장이 재판을 주관하고 판결을 내리는 방식이다. 물론 검사와 소송인을 대리한 변호사가 있고, 변호사는 피고의 유·무죄를 입증할 증거를 제출하고 변호를 한다. 그러나 제출한 또는 증언한 내용의 신빙성은 판사 혼자서 결정한다. 물론 배석 판사가 2인이나 있지만 이들은 어디까지나 보조용이거나 구색을 갖추기 위한 것이다. 주심판사의 견해가 바로 판결을 결정한다.

이에 비해 영미법 국가의 대부분은 배심제를 택한다. 배심제란 7~12명의 배심원이 형사사건에서는 피고인을 징역 또는 사형에 처하거나, 석방하거나, 정신감호소에 수용하는 평결을 내린다. 민사사건에서는 인과관계나, 책임과 같은 복잡한 문제에 관하여 판단하고 손해배상금을 물린다. 배심제는 재판과정에 공동체의 가치관을 반영시키고 판사의 기계적인 법 적용에서 탈피하여 재판이 형평에 맞고 공정하다는 인식을 갖게 만드는 장점이 있다.

그리고 배심제의 꽃은 배심원들이 기존의 법을 무효화(nullyfying)할 수 있다는 점이다. 이에 관해 한 가지 예를 들어보자. 미국 건국 초기에는 남부에서 도망친 노예에 대한 처벌 법규가 제정되어 있었다. 만일 흑인 노예가 도망치다 잡힌 경우 주인은 그 흑인을 처벌할 수 있는 권리가 법적으로 보장되었다. 그러나 실제로 이런 사건이 벌이져 재판에 넘겨지고 배심원들이 주인이 노예를 가혹하게 다룬 사실을 확인한 경우, 흑인 노예에게 무죄를 선고해 기존의 법을 파기해버린 경우가 많았다. 배심원이 기존의 법을 파기한 경우 이를 법적 무효화라고 칭한다. 이렇게 배심제는 형평의 원리, 그리고 공동체의 가치관이 재판에 반영되는 것이다.

만일 배심제가 우리나라에 폭 넓게 적용된다면 어떤 법의 파기가 가능할까? 아마도 혼외정사로 인한 간통죄일 것이다. 혼외정사는 외국과는 달리 우리나라에서 법적 처벌을 받는다. 그러나 일반인들은 혼외정사가 법적인 처벌을 받아야 한다고 생각하지 않는다. 그 이유는 혼외정사는 성인 간의 성행위이므로 타인이 개입할 문제가 아니라고 생각하기 때문이다. 더불어 혼외정사는 혼외 당사자 간의 문제가 아닌 부부 간의 문제가 있어 발생하는 것으로 보기 때문이다.

재판장 중심의 재판제도에서는 국가가 임명한 판사가 자칫하면 정치적 압력을 받아 판결을 잘못 내리는 경우가 적지 않다. 예를 들어 보면 이승만 정권시대의 조봉암 재판, 그리고 유신체제하에서 김대중과 인민혁명당의 재판에서 피고가 모두 사형판결을 받았다. 이것은 재판부가 정치적 압력을 받은 탓이다. 최근 유가족들이 재심을 요구하고 다시 재판을 한 결과 이전 재판이 잘못되었다는 재판결과를 얻었다. 따라서 법원은 국가가 유족들에게 엄청난 금액의 보상금을 지급하라고 판결했다.

또 배심제에서는 법조인의 '전관예우'나 '무전유죄, 유전무죄'와 같은 불공정재판이 진행될 소지가 크게 줄어든다. 그 이유는 일단 배심원들이 결정되면 그들은 검사나 변호사와의 접촉이 일체 금지된다. 그리고 변호사들이 뇌물을 먹여 재판을 유리하게 이끌려 해도 배심원 수가 많아서 쉽지가 않다. 그러나 재판장 중심의 재판제도에서는 판사와 검사에게만 뇌물을 건네면 된다. 우리나라에서 얼마 전에 벤츠 여검사 사건, 그랜저 검사 사건이 발생한 이유도 변호사가 손쉽게 검사나 판사에게 접근하고 뇌물을 건넬 수 있기 때문이다.

이렇게 배심제는 민중의 가치관을 반영하고, 사법권을 권력이나 금전의 압력으로부터 보호한다. 그 외의 이점은 국민들로 하여금 법에 대해 관심을 갖게 하고 교육을 시킬 수 있다는 점이다. 배심원으로 선정된 사람들은 배심원 역할을 하면서 자연히 법에 대해 많은 지식을 얻게 된다. 배심원뿐만 아니라 배심제 재판에 대한 국민의 인기가 높아 국민의 법에 대한 이해를 높일 수 있다. 배심제에서는 검사와 변호사가 자신이 제시한 증거와 증언의 타당성을 배심원에게 설득하기 위해 불꽃 튀는 논쟁을 한다. 그리고 어떻게 사건이 발생했고 누구에게 죄가 있는지에 관해 자신의 논리를 조리 있게 전개한다. 검사와 변호사가 다이내믹하게 벌이는 법정 다툼은 마치 한편의 드라마를 보는 것과 같이 흥미진진하다. 그래서 미국에서는 재판을 실황 중계하는 TV채널도 있다.

배심제는 영국에서 발전되어 미국, 아프리카, 아시아의 식민지로 수출되었다. 19세기에 이르러 프랑스, 독일의 일부 지역, 러시아, 스페인, 기타 유럽 국가들과 중남미 국가에서 다양한 형태로 배심제도를 채택하였다. 배심제도는 주로 형사사건에 국한하는 국가가 많아 영국을 비롯한 아시아, 남미 등 46개국에서 형사배심제도를 채택하고 있다. 그러나 영국, 미국, 캐나다의 일부에서는 민사와 형사사건 모두에 배심제를 허용하고 있다. 스페인과 러시아가 중단했던 배심제를 다시 도입하였고, 일본도 배심제 부활을 검토하고 있다. 다만 아프리카의 몇 나라, 에컨대 카메룬과 탄자니아, 짐바브웨 등에서는 배심제가 채택되지 않고 있다(김상준 외 역, 2001).

한국에서는 노무현 전 대통령이 배심제 도입을 위한 노력을 경주했다. 그 자신이 율사 출신이었기에 그는 과거 어느 대통령보다 우리나라 재판제도의 문제점을 속속들이 알고 있었고, 따라서 한국에도 서구 선진국처럼 배심제를 도입해야겠다는 결심을 했다. 그의 임기 중에 배심제 도입을 추진하기 위한 실무팀이 구성되었다. 이 실무팀은 판사, 검사, 변호사, 그리고 학자들로 구성되었고 따로 사무실을 얻었다. 이들은 몇 년 간에 걸쳐 수많은 세미나, 연구발표 등을 통해 배심제를 연구하여 마침내 이의 필요성을 건의하는 보고서를 냈다. 그러나 아직 우리나라에서는 배심제를 시범적으로만 운영하고 있다. 우선 배심제를 형사재판에 한해, 그리고 피고가 원하는 경우 허용한다.

가끔 신문지상에 어느 법원에서 배심제 재판이 열렸고 배심원이 어떤 평결을 내렸다는 보도가 나온다. 그런데 우리나라의 배심제는 영·미의 배심제와는 다르다. 그곳에서는 배심원들의 평결이 바로 판사의 판결로 연결되지만, 한국의 경우 최종 판결은 판사가 내린다. 즉 배심원들의 판결은 어디까지나 판사의 참고자료로 이용될 뿐이다. 그런 식으로 배심제를 활용하려면 차라리 배심제를 하지 않느니만 못하다. 왜 배심원의 판결을 최종 판결로 하지 않느냐는 학자들의 항의에 법조인들의 변명은 법에서 재판은 법정에서 판사가 한다는 것이 명시되어있기 때문이라고 말한다. 그러나 배심원이 평결을 하고 그 평결을 판사가 받아들여 판결을 내리는 것이 기존의 헌법에 위배된다고 볼 수는 없다. 왜냐하면 판사의 입으로 판결이 선언되기 때문이다.

또 배심제에서 평결을 배심원이 한다고 하지만 판사가 하는 역할도 크다. 판사는 검사와 변호사가 상대방의 증인을 심문할 때 유도심문인가의 여부를 결정한다. 그리고 제출된 증거나 증언, 또는 검사나 변호사의 이야기 중 사실을 왜곡하거나 피고나 원고의 프라이버시에 해당하는 이야기는 배심원들이 증거자료로 이용하지 않도록 요청한다. 즉 배심제에서 판사는 법정진술과 재판 과정이 편협하게 진행되지 않고 공정성을 유지하게 만드는 중요한 역할을 한다.

저자의 사견이긴 하지만 우리나라에서 판사들이 배심제를 반대하는 사람이 많은데 그 중요한 이유 중의 하나가 재판의 결정권을 배심원들에게 빼앗기지 않으려는 욕심 탓이다.

한국의 검사들이나 변호사들도 배심제를 탐탁하게 여기지 않는다. 그들이 반대하는 표면적 이유는 아래에서 종합적으로 이야기하도록 하고 저자가 생각하는 진짜 이유를 이야기해보자. 만일 배심제가 채택되면 검사나 변호사의 할 일이 많아진다. 이들은 배심원을 설득하기 위해 많은 증인을 채택하고 직접 증인심문도 해야 한다. 또 앞에서 자세히 언급한 것처럼 검사와 변호사 간에 머리싸움을 벌여야한다. 상대방이 세운 증인의 인품을 깎아 내리고 그의 진술의 약점을 재빨리 파악해 증언을 무력화해야한다. 어디 그 뿐이랴? 배심원들의 마음을 읽고 그들이 지금까지 법정에서 제시된 증거와 증언들을 어떻게 판단할지를 잘 예단해서 그들의 마음과 동정을 자기 쪽으로 돌리게 만드는 전술과 전략을 짜야만 한다. 이런 과정은 굉장히 고달프고, 그 과정에서 자신의 능력이 쉽게 남의 눈에 띈다. 그래서 검사도 변호사도 배심제를 마뜩하지 않게 바라보는 것이다.

물론 배심제가 모두 장점만 갖는 것은 아니다. 배심제는 우선 경비가 많이 든다. 배심재판이 1개월 이상 질질 끄는 경우가 있는데, 그런 경우 배심원들을 호텔에 투숙시키고 이들에게 식사를 제공하는 경비가 만만치 않다. 미국의 경우, 배심원으로 발탁된 경우 이를 영광으로 알고 흔쾌히 수락하는 사람들이 많지만 자영업자나 업무가 바쁜 사람인 경우에는 달갑지 않은 일이다. 배심원들은 선거인 명단에서 무작위로 추출되고 애초에는 필요한 배심원의 몇 배나 넘는 사람을 뽑는다. 무작위로 배심원을 선정하므로 일단 뽑힌 사람은 무조건 배심원으로 일할 의무가 있다. 만일 초기에 많은 배심원후보가 이탈하면 대표성이 무너진다. 그러나 재판이 시작되기 전에 검사나 변호사는 자기들에게 불리한 판단을 할 것 같은 배심원 후보를 제외시키는 선별과정이 있다. 예컨대 흑인이 피고인 경우 변호사는 배심원이 너무 많은 백인으로 채워지는 것에 반대해 백인 배심원의 임명을 거부할 수 있다.

배심제에 대한 또 다른 중요한 반대의견은 배심원들이 일반인들로 구성되어있어 그들 중에는 학력도 낮고 판단력이 부족한 사람들이 끼어들기 마련이라는 것이다. 그런데 오늘날 법정에서는 옛날과 달리 점점 더 복잡하고 기술적인 것이 많이 다루어진다. 예컨대 지적 재산권 문제, 환경오염 문제에서부터 시작해 피살자의 DNA 분석자료, MRI 자료 등이 제기된다. 만일 재판이 고도의 전문적 판단을 요구하는 경우, 미국에서는 Blue Ribbon 배심원단을 구성하기도 한다. 이 배심원단은 재판할 법적 문제에 관해 전문적 지식이 있는 사람들로 구성된다.

배심원이 문외한이고 판단력이 부족해 그들의 결정은 엘리트 출신의 판사에 비해 크게 떨어진다는 주장은 사실 옳지 않다. 심리학자들은 배심제에 관해 많은 연구를 해왔다. 그들의 관심은 의사결정이 어떤 방식으로 이루어지는가를 알아보기 위해서였다. 어느 집단에서나 마찬가지로 배심원 집단에서도 영향력이 있는 사람이 말을 많이 하고 나머지 배심원들이 이에 동조하는 경향이 나타났다. 그러나 수많은 배심재판을 연구한 끝에 내린 결론은 배심원들이 우리가 우려했던 것처럼 그렇게 비합리적, 비논리적인 집단이 아니라는 것이다. 그들은 사건을 논리적으로 잘 분석하고 감정에 휘둘리지 않았으며 공정한 판결을 내리려는 동기가 강했다.

심리학자의 연구결과는 배심제의 효율성을 지지하는 쪽으로 나타났는데, 제일 중요한 결과는 판사 한 사람의 판단보다는 다수, 즉 배심원 7~12명의 판단이 더 정확하다는 것이다. 판사가 아무리 똑똑해도 그가 혼자 내리는 결정은 틀릴 수가 있다. 그러나 다수가 모여 판단할 때는 여러 가지 의견이 대두되어 잘못된 의견이 걸러지는 과정을 거친다. 그렇기 때문에 다수의 판단은 항상 단독 판단보다 오류가 적다는 것이다. 이 사실을 근거로 배심제가 재판장 중심의 재판보다 더 우수하다는 주장을 펼칠 수 있다.

배심제를 반대하는 사람은 미국의 OJ 심슨의 재판결과를 들어 배심제에 문제가 있다고 말한다. 심슨은 미국의 유명한 풋볼 선수이자 영화스타이기도 하다. 그런 그가 자기 부인을 살해한 사건으로 고소당했다. 여러 가지 증거, 예컨대 심슨의 혈액이 묻은 살인도구가 발견되었고, 심슨이 경찰의 추적을 피해 고속도로에서 장시간 도피한 장면이 생중계되어 미국인 누구나가 심슨이 살인자라고 굳게 믿었다. 그러나 그는 최종심에서 무죄로 석방되었디. 이 재판결과로 인헤 힌때 미국에서 배심제에 대한 우려가 싹텄다. 그러나 이 재판의 과실은 배심원들에게 있기보다는 수사관들에게 문제가 있었다. 미국에서는 수사가 피고의 인권을 무시하지 않고 합법적으로 진행되었는가의 과정을 중요시한다. 그런데 이 사건을 맡은 형사의 초등수사에 비합법성이 발견되었다. 설상가상으로 그 형사가 인종주의자임을 시사하는 녹음 테이프가 입수되었다. 이 재판의 피고가 흑인이었으므로 배심원들은 흑인이 압도적으로 많았다. 배심원들은 인종주의자인 형사가 수사한 사건을 신뢰할 수 없다는데 동의해 심슨에게 무죄라는 어처구니없는 판결을 내렸다.

한국 재판제도에서는 공소장을 중요시한다. 물론 판사가 검사나 변호사가 증인을 채택해 법정에 세우고 반대심문하는 것도 허락하지만 이것도 그렇게 활성화되어있지 않다. 예컨대 반대심문을 할 때 판사는 변호사에게 미리 심문할 내용을 적어내라고 요청한다. 그리고 변호사가 적혀있지 않은 내용의 질문을 하면 판사로부터 야단을 맞는다. 그런데 반대심문의 내용은 증인이 어떤 말을 어떤 식으로 하는가에 따라서 그때그때마다 달라져야한다. 그래서 외국에서는 반대심문의 내용을 미리 판사에게 제출하는 법이 없다.

우리나라 재판에서는 공소장을 중요시하니까 변호사나 검사들은 자기들에게 유리하게 공소장 내용을 허위로 기재하는 경우가 많다. 판사들도 이런 행위를 잘 알고 있다. 그러나 판사들은 자신이 누가 거짓말을 했는가를 공소장을 잘 분석하면 알 수 있다고 주장한다. 그러나 이것은 어디까지나 착각이다.

우리 법정에서는 위증에 대한 처벌이 미약하다. 미국에서는 증인은 성서에 손을 얹고 서약한 후 증언대에 올라서 증언한다. 그리고 만일 위증 사실이 드러나면 나중에 엄한 법적 처벌을 받는다. 그러나 한국에서는 증인이 법정 한 구석에 비치되어있는 서류에 자필 서명을 하는 것으로 서약을 대신한다. 그리고 위증에 대한 처벌도 미약하다(이에 관해서는 아래에 제시한 한 변호사의 논설에 잘 나타나 있다). 그래서 우리나라에서는 증인의 증언이 왔다 갔다 하기 일쑤다.

증인의 증언은 아주 강력한 증거물이다. 그래서 외국 재판에서는 증인을 중요시하고 증인보호에 만전을 기한다. 마피아 두목의 범죄사실을 증언하는 증인은 그의 증언 때문에 마피아로부터 살해당하기 쉽다. 그래서 미국에서는 증인보호법이 따로 마련되어있고 증인을 최대한 보호한다. 필요한 경우, 증인을 다른 주에서 다른 이름으로 살도록 거주지와 신분을 새로 만들어주기까지 한다. 그러나 우리나라에서는 증인에 대한 보호가 전혀 없다. 그래서 증인이 상대방으로부터 협박 받거나 린치를 당해 말을 바꾼다. 어떤 경우에는 증인이 살해당하기도 한다.

한국법심리학회에서는 배심제에 관한 심포지엄을 열면서 한국이민자로서 미국 캘리포니아주 판사로 재직하고 있는 분을 초청하여 미국 배심제의 현황에 대해 이야기를 들은 적이 있다. 저자는 그에게 배심제에서 판사가 할 중요한 역할은 무엇인가하고 물었더니 첫째는 재빠른 판단이라는 것이다. 즉 검사와 변호사의 증인 심문 때 그 질문이 적절한지 아니면 유도심문에 해당하는 것인지를 재빨리 판단해야 한다는 것이다. 둘째는 경청하는 능력인데 검사와 판사, 그리고 여러 증인의 말을 귀담아 듣고 판단해야 한다. 마지막으로 이것이 제일 중요한데 재판에 관여된 사람으로 하여금 '억울하다'는 말을 듣지 않는 재판을 해야 한다는 것이다. 이 이야기를 듣고 저자는 과연 한국에서 재판에 회부되었던 사람들이 얼마나 억울하지 않고 공정한 재판을 받았다고 느꼈을까 하고 자문해 보았다. 우리나라 재판제도의 여러 가지 문제점은 여기에 소개하는 배금자 변호사의 글에서 극명하게 제시되어있다. 이 글을 마지막으로 이 장을 끝내기로 한다.

〈조선일보〉 2002년 11월 (아침논단)

사법결함, 이대론 안 된다

배금자(裵今子)

사법제도의 핵심은 진실을 파악하여 양 당사자 간에 '더함도 덜함도 없는' 정의로운 결론을 이끌어 내는데 있다. 그런데 사법과정에 거짓말과 조작된 증거가 난무하고, 진실규명을 위한 판사의 명령이 무시되어도 처벌되지 않는다면 어떻게 되겠는가? 검찰의 결정과 법원의 판결이 잘못될 가능성이 높아져 억울한 국민들이 양산되고 사법권위가 훼손되며 정의가 무너지게 될 것이다. 따라서 수사나 재판과정에서 거짓말을 막기 위한 제도적 장치가 대단히 중요하다.

우리 사법제도는 허위진술·보고, 증거조작, 참고인과 증인회유 및 출석방해 등을 막는 장치가 매우 미흡하다. 수사단계에서 참고인의 허위진술과 교사행위, 수사나 재판과정에서 범죄자 자신의 형사사건에 사용될 증거 은닉, 증거조작도 처벌하지 못한다. 위증죄가 '선서한 증인'에게만 적용되어 수사단계의 참고인의 허위진술과 교사행위를 처벌하지 못하고, 증거인멸죄가 '타인의 형사사건 또는 징계사건에서의 증거인멸'만 처벌하고 자신의 형사사건 등에서의 증거조작 행위는 처벌하지 못하기 때문이다.

또한 증거인멸죄는 형사사건 등에만 적용되기 때문에 민사소송에서의 증거 인멸, 조작, 허위 확인서 제출을 처벌하지 못한다. 심지어 재판에서 증인으로 채택된 사람을 회유하여 증언을 막는 경우도 처벌하지 못한다. 형사 피고인은 자기에게 불리한 진술을 강요당하지 않을 헌법상 권리가 있기 때문에 허위진술에 대해 처벌하지 못하지만, 민사사건에서 당사자의 허위진술은 진실 규명을 저해하기 때문에 허용되어서는 안 된다. 민사소송법상 당사자가 선서하고 허위진술을 한 경우에만 고작 50만 원 이하의 과태료 제재뿐이어서 민사소송은 당사자의 허위진술 경연장이 된 지 오래다.

법원이 공공기관이나 단체, 개인 등에 보내는 사실조사 촉탁이나 감정촉탁의 경우에도 허위보고의 문제가 매우 심각하다. 실제로 당사자와 이해관계가 있거나 부정한 청탁에 영향 받아 허위보고를 하는 경우가 종종 있는데도 이에 대한 처벌규정이 없다. 사법 권위를 훼손하는 또 하나의 안타까운 현상은 재판과정에서의 판사의 명령 불이행을 방치하는 현상이다. 정보공개 청구사건에서 문서목록 제출 명령, 금융거래나 통화정보 등에 대한 법원의 제출명령을 해당 기관이 무시하거나 정보를 누락하여 보내는 경우도 제재방법이 없다. 이는 우리의 법정모욕죄가 법정 및 부근에서 모욕하거나 소동한 행위만 처벌하기 때문이다.

미국은 사법의 기능과 권위를 보장하기 위하여 '사법방해죄(obstruction of justice)'와 '법원모욕죄(contempt of court)' 제도를 두고 있다. 사법방해죄는 법집행과 국가기능을 방해하고 지연하기 위한 일체의 형태를 포함하는데, 앞에서 든 각종 사안은 미국에서는 사법방해죄로 처벌된다. 판사의 명령을 불이행하거나 무시하는 경우에는 법원모욕죄로 구속도 한다. 클린턴 전 미국 대통령은 폴라 존스 성희롱 사건과 관련, 대배심 앞에서 선서 후 허위진술을 한 것으로 사법방해죄로 기소되었고, 탄핵소추까지 되었으며, 성희롱 관련 민사재판에서의 허위진술을 이유로 법원모욕죄로 처벌받았고 변호사자격까지 정지되었다.

3장
법조인의 리더십 개발

훌륭한 법조인을 기르는 방법은 사실 따로 없다. 그 이유는 우리가
법조인을 선발하는 것이 아니라 법조인 스스로가 노력을 해 법
조인 자격을 획득하기 때문이다. 즉 현재는 사법고시를 치거나 로스쿨
을 졸업해 변호사 시험에 합격하면 법조인이 된다.

법조인의 품성과 가치관이 중요하다고 해서 우리가 사법고시나 변호
사 시험에 품성과 가치관을 측정하는 심리검사를 실시할 수는 없다. 이
는 수검자의 인권이 개입하기 때문이다. 예컨대 어떤 사람이 사법시험
에 합격했는데 품성이 바르지 못하고 가치관이 마뜩하지 못하다고 해
그를 불합격시킬 수는 없다. 과연 어떤 품성과 가치관이 훌륭한 법조인
으로 갖추어야 할 내용인지를 가리기도 힘들 뿐더러 그것을 이유로 불
합격시키면 국가를 상대로 소송할 수도 있다.

우리가 기대할 수 있는 방법은 앞으로 사법고시가 폐지되고 로스쿨 졸업자만이 사법고시를 치르게 되는 경우, 로스쿨이나 일반 대학에서 법조인이 될 학생들에게 그들이 법조인으로서 갖추어야할 품성과 소양, 그리고 가치관에 관해서 가르치는 것이다. 그러나 이런 품성이나 소양교육에도 한계가 있다. 그 교육이 확실히 학생들에게 바람직한 품성과 가치관을 심어준다는 보장이 없기 때문이다.

법조인의 비리와 부정을 방지하는 아주 직접적인 방법은 앞 장에서 살펴본 바와 같이 우리나라에 배심제 재판제도를 도입하는 것이다. 그것도 현재처럼 영·미식 배심제의 흉내를 내는 것이 아닌 실질적인 배심제를 전면적으로 실시하는 것이다. 배심제를 반대하는 사람은 배심제가 비용이 많이 들고 또 시간이 오래 걸린다고 주장한다. 이 같은 주장은 어느 점에서는 사실이고 어떤 점에서는 사실이 아니다. 앞 장에서 언급한 바와 같이 배심제는 배심원을 선출하고 그들에게 숙박시설을 제공하는 경비가 소용되고 시일이 지체되기 쉽다(현재 한국에서 하는 배심제의 아류인 국민참여 재판에서는 배심원이 하루 만에 평결을 내린다). 그러나 미국의 경우를 보면 모든 재판소송이 배심제로 가지는 않는다. 약 1~2%만의 소송사건이 배심제 재판을 하게 된다. 미국에서는 피고가 죄를 인정하는 조건으로 형량의 감형을 받는 프리 바게인(Plea Bargain)을 통해 재판이 일찍 종결되고, 또 많은 사람들이 배심제가 아닌 판사 중심의 재판을 받기를 원한다. 따라서 배심제가 법원의 업무를 과중시키고 국고를 낭비한다는 비판은 옳지 않다.

미국이나 영국에서 법조인의 비리가 전혀 없는 것은 아니지만 우리나라에서처럼 그렇게 빈번하지 않은 이유는 앞에서 말한 것처럼 배심제에서는 뇌물을 통해 배심원을 설득하는 작업이 쉽지가 않기 때문이다. 그러나 판사 중심의 재판에서는 그렇지가 않다는 것은 이미 앞에서 언급한 바 있다. 여기서 한 예를 들어 보기로 하자.

저자는 20여 년 전 모 대학교수와 여름방학이 시작되는 날 테니스를 쳤다. 오후 서너 시에 만나 복식 테니스를 몇 게임하고 목이 말라 생맥주 집을 찾았다. 그곳에서 생맥주 한 잔씩 마시고 헤어졌다. 그 다음날 아침 TV를 켜보니 모 대학 교수가 만취상태에서 운전하다 행인을 치어 즉사시키고 뺑소니치다 경찰에 구속되었다는 보도가 나왔다. 모 대학 교수가 바로 어제 같이 테니스를 친 친구 같아 그를 아는 친구에게 전화를 해보니 맞다고 했다. 자초지종을 들어보니 그 교수와 같이 집으로 가던 다른 교수가 헤어지기 전에 딱 한 잔 만 더하자고 졸라 둘이 본격적으로 술을 마시고, 새벽에 귀가하다 길가 노점상을 치어 즉사시켰다는 것이다.

그를 구치소에 가 면회도 하고 위로도 했지만 죄가 워낙 무거워 걱정이 많이 되었다. 음주운전에 그것도 뺑소니 사고라 가중처벌되기 때문이다. 그가 재직하고 있는 학교에서도 크게 걱정을 하고 무슨 수를 써서라도 다음 학기 개학 전에 사건을 마무리 짓고 학교에 돌아와야 한다고 못 박았다. 학생들이 만일 그 사건을 알게 되어 문제를 일으키면 교수직을 계속하기가 어려울 수 있다고 판단했기 때문이다.

우리가 걱정을 많이 했는데 다행히 그가 8월 말경에 풀려나왔다. 우리는 반갑기 그지없었다. 하지만 한편 그가 어떻게 옥살이를 하지 않고 두 달 만에 풀려났는지 궁금했다. 그래서 그 비법을 물었더니 그는 부동산을 팔고 판사와 검사에게 돈을 건넸다고 한다. 그런데 기절초풍할 일은 판사가 그를 풀어주면서, 사실은 당신을 더 일찍 방면할 수도 있었는데 범죄사실을 TV가 대대적으로 보도하여 시간을 늦출 수밖에 없었다고 묻지도 않은 이야기를 했다는 사실이다.

주지하는 바와 같이 외국에서는 음주운전은 살인죄와 같은 엄한 처벌을 내린다. 거기다 뺑소니 운전은 동정의 여지가 없는 추악한 범죄로 낙인찍힌다. 그런데 우리나라에서는 판사의 재량으로 2개월 만에 풀려난 것이다. 나의 친구가 이 사건을 무마하게 위해 치룬 뇌물액수가 적지 않았지만 이 뇌물 금액은 부자들이 연루된 사건에서 오가는 뇌물에 비하면 그야말로 조족지혈일 것이다. 그렇다면 아무리 양심적이고 올바른 품성과 가치관을 가진 판사나 검사라 하더라도 피고인이 건네는 엄청난 뇌물을 뿌리치기는 쉬운 일이 아닐 것이다. 따라서 부정부패를 예방하는 방법 중 제일 효과적인 방법은 법조인들의 양심을 개발하는 것보다는 제도적 장치를 마련하여 부정부패가 발생할 소지를 없애는 것이다.

따라서 우리나라가 직면하고 있는 법조인들의 불공정 재판, 부정부패를 일소하는 제일 바람직한 방법은 하루 빨리 배심제를 채택하는 것이다. 그런데 문제는 이를 관철하기가 쉽지 않다는 것이다. 이를 위해서는 법을 개정해야하는데 국회 법사위에서 배심제를 관철할 의향이 있는지가 문제다. 저자의 사견이지만 앞에서 말한 바와 같이 우리나라 법조인 대부분이 배심제를 반대하므로 국회법사위 소속 국회의원들이 이 법 개정안을 제안하고 통과시킬 것 같지 않다.

국민들이 배심제의 필요성을 인식하고 여론을 조성하여 국회가 이 문제를 다루도록 힘을 기울여야한다. 지금 한국심리학회 산하에 법정

심리학회가 설립되어있고 법심리학을 공부하는 학자들이 배심제의 한국정착을 위해 열심히 연구하고 발표한다. 그러나 이들의 연구노력은 한계에 달하고 있는데 그 이유는 한국의 국민참여 재판은 미국의 배심제가 아니라 독일의 참심제(재판장이 배심원을 선정하고 이들과 합의해 재판을 진행함)에 가깝기 때문이다. 그리고 아직도 국민참여 재판은 시험 삼아 운영되고 있을 뿐 형사재판에 전반적으로 도입되고 있지도 않다.

지금까지 저자는 우리나라 법조인들의 어두운 측면만을 지적했다. 물론 불공정 재판을 하는 판사보다는 박봉에도 불구하고 한 눈 팔지 않고 공정한 재판을 하는 판사가 더 많다는 사실을 저자도 잘 알고 있다. 언제나 사회의 물을 흐리는 것은 소수의 불량인간들 때문이다. 그러나 법조인의 범법은 다른 사람의 경우와 달라 국가기강에 직접 영향을 준다. 그래서 다른 범죄보다도 더 중히 다루어야한다. 그래서 저자는 장황하게 우리나라 법조인들의 비리문제를 다루었다.

마지막으로 우리가 법조인들의 자존심과 긍지를 지켜주어야 한다는 점을 강조하면서 3부를 끝마치기로 한다. 그것은 우리나라의 대통령 사면권이다. 우리나라에서는 외국에서는 볼 수 없는 대통령의 범법자에 대한 사면권이 부여되고 있다. 그래서 8·15경축일, 연말에는 일반 범법자는 물론 고위공직자 범죄인들이 특별사면을 받아 석방되고 복권도 된다. 그런데 이 사면제도는 왕조시대에 있었던 전통을 답습한 것이다. 우리나라에서는 새로 왕이 등극하면 이를 축하하기 위해 대 사면령을 내려 일반 죄수 중 경범죄자를 대거 석방하는 것이 관례였다. 이런 제도가 민주주의가 잉태된 한국에서 그대로 명맥을 이어온 것은 우리나라가 한 때 독재국가여서 무고한 정치범이 생겨났기 때문이다. 예컨대 앞에서 말했지만 이승만 정권 시 조봉암 사형, 유신 때 김대중과 인혁당 사형사건은 정치적인 압력을 받아 불공정 재판이 수행된 것이다. 그래서 문민정권이 들어서면 과거 독재정권 시 억울한 재판을 받았던 정치범들을 사면하는 것이 도리였다. 그리고 이 대사면을 반대할 국민은 한 사람도 없었다. 그러나 문민정부가 들어선 후에는 한국에서 정치적 압력에 의해 불공정 재판을 받은 경우는 아주 드물다. 그럼에도 불구하고 명백한 범죄를 저질러 형벌을 받은 고위공직자, 또는 대통령의 친인척이 새 정권에서 사면을 받고 복권되는 경우가 허다하다. 이는 대통령의 월권이고 사법부의 처사를 전면 부정하는 행위이다.

현재 한국의 대통령이 행하는 사면령은 불법이고 법조인들을 무시하는 처사다. 법조인들이 부패한 고위공직자와 정치가를 힘들게 수사하고 재판하여 투옥하였는데, 대통령이 하루아침에 이들을 복권시키는 것은 법을 무시하고 법조인의 자존심과 긍지에 상처를 내는 행동이다. 지금 국회의원 중에서도 엄연히 중벌을 받아 감옥살이를 오래 했어야 마땅할 사람들이 복권되어 국회의원 행세를 하는 사람들이 있다. 무전유죄, 유전무죄가 아니라 무권유죄, 유권무죄라는 신조어가 생겨나야할 판이다.

한국법조인들이 국민들로부터 사랑받고 존경을 받아 본연의 임무에 충실하게 하려면 우리가 일부 법조인들의 부정부패, 불공정재판을 들어 그들 전체를 손가락질하고 비웃고 침 뱉어서는 안 된다. 법조인들이 부정부패에 연루되지 않도록 그들을 보호하는 제도를 마련하고 그들의 자존심과 긍지를 높여주는 여러 가지 방안을 모색해야한다.

제 4 부

교육자의 리더십

교육은 나라를 부강하게, 그리고 올바르게 발전시키는데 큰 역할을 한다. 먼 옛날 우리나라가 일본보다 앞선 나라였지만 19세기에 이르러 뒤진 것은, 쇄국을 하고 서양의 신식교육을 받아들여 국민계몽을 서두르지 않은 탓이다. 그러나 다행히 우리가 한국전쟁을 치르고도 지난 40년 만에 세계 경제 9위권으로 발돋움 할 수 있었다. 그것은 우리가 해방 후 서둘러 초등교육을 의무화하여 문맹률을 낮추고 국민들의 교육수준을 높인 덕이었다. 따라서 교육은 정치, 경제, 사법 그 어느 분야 못지않게 국가발전에 필수 요소다. 따라서 마지막으로 교육자의 리더십 문제를 살펴보고자 한다.

교사나 교수는 그 자신이 중요한 사회적 리더이면서 동시에 리더를 키워내는 이중 임무를 맡고 있다. 예컨대 심리학과 교수는 심리학만을 가르치는 교육 리더가 아니다. 그의 교수로서의 품성, 인생관, 그리고 가치관은 제자들에게 귀감이 된다. 그래서 교사나 교수는 정치가, 법조인보다도 더 중요한 역할을 맡고 있는 것이다.

앞의 3부 각각에서 다룬 것과 마찬가지로 4부에서도 역시 한국교육자의 문제점부터 시작하여 교육제도, 환경 등을 살펴볼 것이다. 그리고 마지막으로 우리가 학교라는 조직을 통해 리더십을 어떻게 개발시킬 수 있는지를 검토할 것이다.

교육자는 유아원 교사로부터 시작해 초등학교, 중고교 교사, 그리고 대학교수까지 다양한 계층이 있다. 그러나 여기서 유아원 교사는 제외하고 초중고 교사는 간단하게 살펴보고 주로 대학교수의 리더십에 관해서 살펴볼 것이다. 그 이유는 저자가 대학교에 25년간 재직한 경험상 다른 계층의 교육자에 비해 교수를 보다 더 잘 알고 있기 때문이다.

과거 한국전쟁을 치룬 우리의 교육환경은 열악하기 그지없었다. 교실은 불타버렸고, 교육도구는 전무했다. 그리고 콩나물 교실에 비해 교사는 적었고 교사의 봉급도 박봉이었다. 그러나 그러한 열악한 교육환경조차 국민의 향학열을 막을 수는 없었다. 교사는 학생과 학부모로부터 존경을 받았고, 교사는 적은 봉급이었지만 최선을 다해 학생을 가르쳤다. 군사부일체(君師父一體)라는 조선시대의 교육자 존중문화가 면면히 이어져 내려왔기 때문이다.

　그러나 언제부터인가 우리나라 교육에 시름이 깊어지기 시작했다. 학생과 학부모가 교사를 존중하기는커녕 학생에게 회초리를 들었다고 교사를 폭행하고 고발하는가 하면, 학생들이 수업 중에 공부는 하지 않고 떠들어 대고 스마트폰이 울려 교실을 난장판으로 만든다. 이는 대학교도 마찬가지다. 공부는 뒷전으로 밀리고 대학캠퍼스는 온갖 향락 문화에 젖어 있다. 교수들은 골프치기에 바쁘고 연구비를 유용하고 논문을 표절한다. 앞에서 언급한 바와 같이 교사나 교수가 리더이자 리더를 키워내는 사람들이다. 그러므로 교육자의 문제는 우리 사회에 두 배로 악영향을 준다고 말해도 과언이 아니다.

초등학교 교사의 문제점

교사의 문제점을 논하기 전에 저자가 만났던 훌륭한 초등학교 담임 한 분을 소개하여 과거 우리 선생님이 학생들을 어떻게 가르쳤는가를 잠시 회고해보기로 하자. 저자는 1·4후퇴 때 대전으로 피란을 갔다. 그곳에서 서대전 피란초등학교를 약 2년간 다녔고 담임인 김갑순 선생님을 알게 되었다. 그 분은 전주사범학교를 졸업하신 엘리트 교사로 그분도 서울서 피란 와 계셨다. 그리고 그곳에서 피란국민학교를 손수 세우셨다. 그 분 혼자 맡으셔야했기 때문에 4학년과 5학년, 각기 한 학급씩 두 교실만 만드셨다. 교사가 없어 처음에는 대전 방직공장의 운동장에서 공부했다. 노천교실인 셈이다. 그분은 신앙심이 깊어 서대전역 근처에 목사가 떠나 빈 예배당을 발견하고 그 교회도 재건했다. 새로 목사를 초빙하였고 신자들을 모았다. 그는 목사의 허락을 받고 피란학교를 교회로 옮겼다. 바위를 주워 그 위에서 공부하고 칠판이 없어 허공에 글씨를 쓰던 노천교실에서 교회로 옮기니 꿈만 같았다.

피란초등학교가 교실만 갖추었을 뿐 학교가 갖추어야할 것은 아무것도 없었다. 그러나 그 분은 하나하나 찬찬히 기적을 만들어 가셨다. 첫째 응원가를 직접 만드셨다. 곡은 외국 곡을 땄고 가사는 당신이 손수 지으셨다. 그래서 운동회를 개최하고 두 학년 간 운동시합을 하면서 그 응원가를 부르게 했다. 얼마 안 되는 봉급은 사모님과 한 날 먹을 수 있는 양식구입비만 남겨놓고 제자들의 공책을 만드는데 사용하셨다. 시장에 나가 갱지를 구입하여 자르고 가운데를 뚫고 실로 묶어 손수 공책을 만들었다. 시험을 보아 성적이 좋은 학생에게는 그 공책에다 한문으로 '상(賞)'자를 직접 써서 수여했다. 음악시험을 본 것이 생각난다. 그 분은 그 많은 학생에게 일일이 일 대 일의 시험을 치렀다. 당신이 음계 하나를 말하고 학생은 그 음계를 소리로 답하는 것이다. 그 어려운 시절에 소풍도 준비했다. 그리고 가끔 서대전 유천에 나가 학생들과 수영도 했다. 그 분은 착실한 개신교 신자였기에 언제나 찬송가를 입에 달고 사셨다. 그리고 수업이 끝나면 바로 교회 일에 전념하셨고 우리에게 거짓말을 최악으로 가르치셨다. 우리는 그분으로부터 전인교육을 충실하게 받았던 것이다.

비록 헐벗고 교실이 아닌 교회에서 필요한 교육도구도 없이 2년간 공부했지만, 저자는 당시의 수업을 아직도 뇌리에 깊이 간직하고 그 분을 그리워했다. 그래서 저자가 어떤 책에 그 분을 그리는 마음을 표시한 적이 있다. 그런데 그 책을 읽은 저자의 친구 한 명이 그 분이 자기 교회의 장로인 것 같다고 말했다. 그래서 댁 전화번호를 알게 되어 드디어 43년 만에 만나 뵐 수 있었다. 저자가 이미 정년을 한 후인지라 김갑순 선생님은 팔순에 가까운 나이였다. 그간 너무나 오랜 세월이 흘렀지만 아직도 옛날 모습이 얼굴에 남아있었다. 사모님도 뵈었고 우리는 43년 전 기억을 되살리며 뭉클한 감상에 젖었다.

저자가 2년간 서대전 피란초등학교를 다니다 서울로 귀환했는데 김갑순 선생님도 얼마 후 바로 서울로 올라오셨다고 한다. 그런데 그 분이 개척하신 서대전 성결교회에서 신도들이 못내 아쉬워 귀향에 적극 반대했다고 한다. 그래서 당신이 서울로 가더라도 일요일 예배는 꼭 서대전에 와서 보겠다고 약속하셨다. 그런지라 학교도 기차를 타기 쉬운 용산역 근처에 배정 받아 몇 년간 일요일마다 서대전으로 내려가 예배를 보았다고 한다. 사모님의 이야기를 듣고 나는 그 분이 남과의 약속은 무슨 일이 있더라도 꼭 지키는 분이라는 새로운 사실을 알게 되었다. 평소 김갑순 선생님의 고귀한 품성을 알았지만 정말로 대단한 분이라는 생각을 다시 갖게 되었다. 사모님은 남편이 비록 서대전 피란 교사로서 짧은 동안 일하셨지만, 나처럼 그 분을 그리워하여 찾아오는 제자가 몇 사람 있다고 했다. 그 중에는 유명한 검사도 있다고 귀띔해주었다.

김갑순 선생님은 초등학교 교장까지 하시고 정년퇴직하셨으며 2011년 갑자기 목욕탕에서 뇌진탕으로 돌아가셨다. 그동안 자주 찾아뵙지 못해 죄송한 마음 그지없다. 그 분은 나로 하여금 교사가 어떻게 학생들을 가르쳐야하는지, 더 나아가 우리가 세상을 어떻게 살아가야 하는지를 몸소 행동을 통해 가르쳐 주셨다. 비록 교사(校舍)도 교육도구도 전무한 서대전 피란초등학교였지만 나에게는 이 초등학교가 그 후에 거친 그 어느 학교보다 소중하고 즐겁고 유쾌했던 기억으로 남아 있다. 그리고 이 모든 것은 바로 김갑순 선생님 덕택이다. 다시금 그 분의 명복을 빈다.

지난 40년간 우리나라 초등학교 교육환경은 크게 달라져 왔다. 우선 콩나물 교실이 사라졌다. 교사 1인당 학생수가 30인 이하로 낮아졌고, 또 교실에 각종 교육도구 예컨대 TV와 컴퓨터가 배정되었다. 교사도 모두 교육대학, 사범대학을 졸업한 정교사 자격자들이나. 그들의 연봉은 타 직업에 비해서 적은 편이지만 방학이 있고, 또 최근에 사기업체에서 조기퇴직이 유행하는 바람에 교직을 택하려는 대학생들이 점차 늘어난다. 우리 교육을 위해 바람직한 현상이다.

교원이 많다 보니 그중에는 문제 교사도 섞여있을 수 있다. 그래서 가끔 신문지상에 교사가 제자를 성추문했다는 기사가 실려 우리를 슬프게 한다. 그러나 이런 교사는 극히 드물고 많은 교사는 위해 예로 든 김갑순 교사와 마찬가지로 헌신적으로 교육을 하고 있을 것이다.

저자가 보는 초등교육의 제일 큰 문제는 교사 자신의 문제라기보다는 학생들과 학부모에게 있다. 초등학교에 가면 저학년에서 교실붕괴가 벌어지고 고학년에서 왕따가 발생한다. 교실붕괴는 아이들이 가정에서 제대로 훈육을 받지 못한데 그 근본 원인이 있다. 요즘 우리나라 부모가 아이를 한두 명밖에 낳지 않다보니 자녀를 과잉보호하는 현상이 생겼다. 그로 인해 자녀가 이기적이고 제멋대로이며 남의 말을 잘 듣지 않는다. 이런 나쁜 행실이 교실로 까지 이어져 교사가 아무리 야단을 쳐도 학생들이 말을 듣지 않는다. 교사가 그런 학생을 처벌하려면 학생들이 스마트폰을 들이대고 사진을 찍어 이를 인터넷에 올린다.

그러면 그 교사는 하루아침에 폭력교사로 낙인찍힌다. 자기 자식이 선생님으로부터 체벌을 당했다고 부모가 학교에 쳐들어와 교사를 폭행하는 일까지 벌어지고 있다. 이런 상황에서 교사가 제대로 학생을 지도할 수 없다. 물론 교사는 체벌보다는 훈계로 학생을 다스리는 것이 좋다. 그러나 학생지도에 관해서 부모가 반발하고 고발을 하는 것은 우리나라밖에 없다. 과거 우리가 선생님을 어렵게 알고 깍듯이 모셨던 좋은 풍토가 다시 조성되어야 초등학교의 교육이 되살아날 것이다.

요즘 돈 봉투사건이 초등학교에서 많이 사라진 것은 큰 다행이다. 얼마 전만 하더라도 스승의 날에는 학부모가 담임선생님에게 돈 봉투를 안기는 것이 관례화 되어왔다. 이것이 사회문제화 되자 뜻있는 교사들이 '촌지 안 받기' 운동을 벌여 요즘 초등학교에서 돈봉투 사건이 거의 사라진 것으로 저자는 알고 있다.

그러나 문제는 전교조에 가담한 일부 교사가 비뚤어진 교육관을 갖고 있다는 사실이다. 이들은 좌파 교육감이 주장하는 학생인권조례안을 찬성하고 교원평가제, NEIS(학교, 학급의 성취도를 컴퓨터에서 확인할 수 있는 제도)를 반대한다. 교사는 초등학교, 중고등학교는 물론 대학의 교수까지 평가를 받아야한다. 그 하나의 방법이 교원평가제이고, NEIS 방법이다.

교실붕괴, 왕따 문제도 일차적으로는 학생의 문제이지만 그 책임을 교사가 회피할 수는 없다. 이 문제는 중학교에서 더 자주 발생하므로 다음 장인 중고등학교 교사의 문제점에서 보다 심도 있게 다루기로 하자.

2장

중고등학교 교사의 문제점

중고등학교의 문제점은 여러 가지가 있다. 우선 자주 회자되는 것이지만 교육이 너무 입시교육에 치우쳐 전인교육에 문제가 있다는 것이다. 수능을 위한 교육에 치우치다보니 체육이나 음악과 같은 교육은 아예 뒷전으로 밀린다. 외국의 경우 초중고에서는 학생들이 학과목 공부보다는 마음껏 뛰어놀면서 자기 적성을 계발하고, 체육과 예능교육을 하는데 힘을 쏟는다. 사회봉사도 익혀 지도자로서의 첫걸음을 배우게 한다. 우리나라에서도 사회봉사를 의무화하고 있지만 형식에 그쳐 최근에는 폐지하려는 움직임마저 있다.

　체육은 신체적 성숙을 도모하고 신체단련을 가져오기 때문에 중고등학교에서 특히 중요하게 가르쳐야 한다. 또 우리는 단체경기를 통해 경기 규칙을 익히고 사회규범을 배운다. 학생들이 팀의 주장이 됨으로서 리더의 자질을 연마하기도 한다. 그래서 영국의 이튼 고교에서는 중고등학생들이 누구나 한 종목의 체육을 마스터하도록 장려한다. 우리나라의 민족사관학교에서도 이튼처럼 학생들에게 최소한 한 종목의 운동을 연마하도록 격려한다.

우리나라 교사들의 문제는 정부에서 획일적인 교육을 강요하는데서 비롯된다. 미국의 중고등학교 교과서는 상당히 두툼하다. 교과서가 우리나라처럼 중학교 학년별로, 그것도 1.2학기로 나누어져 있지 않다. 3년간 배울 두툼한 교과서가 달랑 한 권 있을 뿐이다. 나는 그것을 교사가 어떻게 가르치는지 유심히 살펴보았다. 그랬더니 중학교 1학년 때에는 쉬운 내용을 간추려 배우고, 2학년 때는 전체를 배우며, 3학년 때는 학생들로 하여금 스스로 교과서를 만들어 보도록 한다. 그러므로 교사가 상당히 자율권을 갖고 각 학과목을 지도할 수 있다. 이 과정에서 교사 자신의 역사적 관점이 표명되고 학생들과 진지한 토론도 전개된다. 우리나라처럼 얄팍한 교과서 내용을 달달 외우게 하는 것이 아니다. 한 가지 예를 들어보자 우리나라에서는 3·1운동이 언제 어떻게 일어났는지의 개요만을 가르친다. 왜 우리가 일본에 36년간 지배를 당하게 되었는지의 자세한 내막은 교과서에 들어있지도 않고, 교사가 이를 심도 있게 가르치지도 않는다.

만일 저자에게 우리나라 중고등학교 교사를 하라고 하면 숨이 막혀 할 수가 없을 것이다. 교사는 꾸준히 연구하고 연구한 바를 자기 나름대로 가르칠 수 있어야만 교사직에 만족할 수 있다. 틀에 박힌 내용을 교사에게 그대로 답습하게 하는 우리나라 교육정책은 교사의 자율성을 죽인다. 따라서 현재의 교과서 정책과 교사의 교육 방법은 바뀌어져야한다.

교사의 필요 없는 잡무는 많이 줄었다고 하지만 관치 행정상 그렇게 크게 달라지지는 않았을 것이다. 아직 교육과학기술부, 교육청에서 내려오는 각종 지시사항과 보고문서 작성 때문에 교사들이 시간을 많이 빼앗길 것이다. 그런 쓸데없는 짐을 교사가 계속 져서는 안 된다. 이제 중고등학교의 큰 문제, 즉 교실 붕괴와 왕따 문제로 넘어가기로 하자.

1. 교실붕괴

언제부터인지 우리나라 교실에서 수업이 제대로 진행되지 않고 학생들이 왁자지껄 떠드는 교실 또는 수업붕괴현상이 발생했다. 저자는 2000년 왕따문제를 연구하기 위해 서울의 Y중학교에 비디오카메라를 설치하여 학생들의 동정을 살펴보았다. 그런데 이 과정에서 부수적으로 교실붕괴현장을 목격할 수 있었다. 교실붕괴는 학급에 따라서 차이가 많이 났다. 즉 어떤 학급은 못된 학생들이 많아 다른 학급보다 교실붕괴현상이 더 자주 일어났다. 그러나 교실붕괴현상이 자주 일어나는 학급이라도 그것은 교사에 따라 달랐다.

어떤 여교사는 학생들을 완전히 장악해 교실붕괴가 발생하지 않았다. 그녀는 수업을 시작하기 전에 학생들이 소란을 피우면 모두 책상 위에 올라가 무릎을 꿇게 한다. 왜 책상 위로 올라가게 하는가? 마룻바닥에 무릎을 꿇게 하면 속이는 학생이 있기 때문이다. 그리고 한 5분간 훈계를 한다. 지금 이 시간에 부모들은 여러분을 위해 온갖 고생을 하고 계신다. 그런데 너희들은 어찌 이럴 수가 있는가?

이렇게 학생들의 마음가짐을 다 잡아놓고 박력 있게 수업을 진행한다. 학생들에게 질문을 던지고 학생들의 대답을 얻어내면서 숨 가쁘게 일사천리로 수업을 진행한다. 학생들은 숨소리조차 죽이고 교사의 말을 경청한다.

학생들을 다잡지 못하는 교사는 여러 부류가 있다. 한 부류의 교사는 칠판에 가르칠 내용을 쓰는데 많은 시간을 낭비한다. 교사가 판서하는 동안 학생들은 이리저리 뛰어다니고 핸드폰을 만지작거리며 음악을 듣는다. 수업을 시작해도 듣는 학생은 하나도 없다. 교사가 혼자 독백처럼 강의를 하다 시간이 되면 그냥 나가버린다. 교사가 얼마나 무력감을 가질는지 물어보지 않아도 가히 짐작할 수 있다.

가장 보기 싫은 꼴은 교사가 작대기를 들고 교실에 들어와 조용히 하라고 고함을 쳐대도 학생들이 말을 듣지 않는 광경이다. 화가 난 교사가 떠드는 학생 곁으로 가면 교사 뒤에 있던 학생이 일어나 교사의 뒤통수에 알밤을 매기는 시늉을 한다. 교사는 완전히 학생들의 놀림감이 되어버린다.

그런데 한 가지 재미있는 사실은 학생을 다잡아놓아 교실붕괴를 막는 교사는 대부분이 여자교사이고, 이들은 실력 있고 수업방식이 독특하다는 것이다. 저자는 미리 교장선생님을 만나 교실붕괴 원인에 관해 이야기를 나누었다. 교장선생님은 학교에 남자교사보다 여자교사가 더 많고, 여자교사는 체격이 작아 학생들의 상대가 되지 않으니까 학생들이 얕잡아본다고 말했다. 그러나 저자가 실제 비디오카메라를 통해 얻은 사실은 그 반대였다. 남자교사보다는 여자교사들이 더 학생을 잘 통제하였다. 그리고 이들은 수업도 효과적으로 수행했다.

어떤 학생이 교실붕괴를 일으키는가? 공부에 낙오하는 학생들이 그

주범이다. 입시준비로 공부시간이 많아져 학생들이 공부에 염증을 낸다. 그리고 모두 다 대학 진학을 위해 죽기 살기로 공부하기 때문에 웬만큼 공부해서는 남들을 따라잡기가 힘들다. 아무리 열심히 공부해도 석차가 4, 5등급을 넘어서지 못하는 학생들이 학업을 일찌감치 포기하고 교실붕괴를 일으킨다.

교사들은 한 학급의 약 3분의 1정도만 대상으로 수업을 한다. 나머지는 이미 학업을 포기한 학생들이기 때문이다. 이들 학업 포기자들은 졸거나 장난을 치면서 수업을 외면한다. 또 그중 대부분은 교실붕괴 주모자다.

교사가 해야 할 중요한 일은 학업 포기자를 품안에 품는 것이다. 그들이 비록 공부를 잘 하지는 못하더라도 인생을 포기하지 않도록 도와주어야한다. 학생들에게 희망을 갖게 해주고 용기를 불어넣어주어야한다. 3분의 1의 잘 하는 제자만을 위해 수업하는 교사를 훌륭한 교사로 볼 수 없다. 비록 대학진학률이 떨어지더라도 학업 포기자를 품에 안으려하는 교사가 참된 교사이다. 우리는 그런 교사를 격려하고 칭찬해주어야한다.

정리한다면 교실붕괴는 기본적으로 못된 학생들이 야기하는 문제지만 이는 교사가 충분히 방지할 수 있다. 학생에게 충분한 체벌을 가하고 학생을 설득하면 교실붕괴가 방지될 수 있다. 물론 교사가 수업을 잘 해야 교실붕괴가 나타나지 않는다. 학생인권조례법안을 폐기하고 교사들에게 학생처벌권을 포함해 보다 더 강하게 학생통제를 할 수 있는 법안을 만들어야 교실붕괴를 차단할 수 있다. 그렇지 않는 한 우리의 교실붕괴는 사라지지 않는다.

2. 왕따 문제

최근 대전의 모 고교에서 학생이 왕따를 당해 투신자살한 사건이 발생했다. 이를 기화로 약 2주 동안 온 매스컴에서 왕따에 대한 기사가 폭주하고 국회에서도 왕따 가해자를 엄하게 처벌하는 법안을 상정하는 등 야단법석이었다. 그러나 왕따 문제는 새삼스러운 이야기가 아니다. 이미 20~30년 전부터 초중고 교실에서 흔하게 발생했고, 적지 않은 학생들이 이로 인해 자살을 했다. 저자를 포함한 심리학자들이 2000년에 서울의 Y중학교 두 교실에 비디오카메라를 설치하고 왕따 가해 행위가 어떻게 발생하는지를 관찰하였다(이훈구, 2000).

왕따 문제는 서구와 일본에서도 오래전부터 크게 사회문제가 되어 연구도 많이 수행되었다. 그러나 우리처럼 직접 교실에 비디오카메라를 설치하여 왕따 행위를 생생하게 포착한 사례는 없었다. 비디오카메라를 설치한지 두 달 후에 중학교 2학년 한 교실에서 왕따가 발견되었다. 그는 일주일에 5일정도 매일 같이 약 20여명의 학생들로부터 왕따를 당했다. 왕따는 여러 가지 폭력에 시달리는데 어떤 학생은 느닷없이 샌드백을 치듯이 그를 때렸다. 어떤 친구는 수업 중임에도 불구하고 그와 대각선으로 마주앉아 그에게 이상한 얼굴표정을 짓게 했다. 즉 그가 신호하는 대로 얼굴을 이상하게 찡그려야했다.

어떤 학과목 시간에는 왕따의 교과서를 교실 뒤에 있는 신발장 속에 감추었다. 그 학과목 시간에는 교사가 먼저 교과서 검사를 해서 책을 가져오지 않은 학생에게는 벌을 준다. 그런데 그는 교과서를 가지고 왔지만 친구들이 신발장에 숨겨 억울하게 벌을 받는다. 이렇게 왕따가 거의 매일 친구들로부터 갖은 학대를 당하는 것을 보고 측은히 여겨 저자는 그에게 왜 매일 학교에 오느냐, 나 같으면 학교를 안다니겠다고 말했더니 그는 학교 외에는 갈 곳이 없다면서 한숨을 쉬었다.

어떤 학생이 왕따 가해자인가? 그 학교 주변에는 고아원이 있고 그곳의 원생 중에 왕따 가해자가 많았다. 부모로부터 버림 받았다는 생각과 그에 따른 분노, 그리고 친구들은 사랑하는 부모가 있다는 질투에 왕따 행위를 하는 것이다. 그러나 그들만이 왕따 가해자가 아니다. 우리기 관찰한 학급은 약 30명의 학생으로 구성된 미니 학급이다. 그런데 이 30명 중 너 댓 명을 빼놓고는 모두가 가해자이다. 심하게 폭력을 가하지는 않더라도 지나가면서 툭툭 건드리는 짓을 하는 친구가 많다. 그래서 저자는 왕따 행위가 동조(同調)의 한 현상으로 일어난다는 사실을 발견했다. 그리고 이를 증명하기 위해 그 학급의 학생을 대상으로 왕따 행동에 관한 태도조사를 한 결과 이 사실이 증명되었다. 즉 왕따 행위에 관해서는 학생들이 남들이 하니까 자기도 하고, 또 그런 것을 친구들이 바라니까 한다는 식의 태도를 갖고 있었다. 여기서 재미있는 것은 왕따 가해자는 그가 하는 행위가 피해자에게 얼마만큼 심각한 부작용을 초래하는지에 관해서는 잘 모르고 있다는 사실이었다. 그래서 저자가 비디오카메라에서 잡힌 왕따 가해 행위를 그들에게 재방영해 주자 그들은 얼굴을 돌리고 낯을 들지 못했다. 자기들이 하는 행위를 직접 스스로 시청해본 결과, 너무 심한 행동을 한다는 사실을 깨닫게 되었기 때문이다.

왕따 행위가 발생하고 자기 반 학생이 투신자살할 때마다 교사들은 깜짝 놀란다. 자기 반에서는 그런 행위가 발생하지 않는다고 굳게 믿고 있었던 탓이다. 이것은 사실일까? 사실이다. 왕따 행위는 교사가 없는 상황에서 벌어지니까 교사가 관찰하기가 여간 어렵지 않다. 그러면 왕따 문제에 대한 대책은 무엇인가?

교사의 학생들에 대한 면밀한 관찰이다. 평소 공부를 잘 하고 명랑하던 학생이 갑자기 우울해지고 성적이 떨어지기 시작하면 그가 왕따를 당하고 있지 않나 의심해 보아야한다. 또 체육시간에 왕따가 누구인지를 쉽게 알아 볼 수 있다. 체육시간에 팀에 끼어들지 못하는 학생은 그 반에서 왕따를 당하는 학생이다.

왕따는 여러 가지 이유로 왕따가 된다. 공부를 못하고 집안이 가난하고 평소 기가 죽어있는 학생이 왕따의 대상이 된다. 그 반대로 잘 나가는 학생이 왕따가 되는 수가 있다. 즉 공부도 잘 하고 리더십이 있어 학생회장도 하던 제주도 초등학생이 갑자기 유서를 써놓고 아파트에서 투신자살한 사건이 몇 년 전에 발생했다. 그 학생은 친구로부터 시기를 산 것이다. 이렇게 누가 왕따가 되는가는 일률적으로 말할 수 없다. 얼굴이 밉상이어도 왕따를 당하고 반대로 얼짱도 그 대상이 된다. 즉 왕따 가해자의 마음에 따라 왕따가 결정된다.

왕따 가해 행위를 없애는 방법은 앞서 말한 바와 같이 교사가 학생들의 행동을 유심히 관찰하고, 또 왕따 피해자의 말을 경청하여 이 문제를 해결해주는 것이다. 왕따 피해자가 참다못해 교사에게 호소하지만 교사들은 오히려 왕따 피해자에게 문제가 있다고 말하고 그 문제를 확대시키려하지 않는다. 많은 왕따 피해자들이 부모나 학교에 진정하지 않는 큰 이유 중의 하나는 피해호소를 해도 그 대책을 마련해 주지 않는데 있다. 오히려 호소하고 나면 가해자들이 더 노골적으로 가해 행동을 한다. 그래서 벙어리 냉가슴을 앓다가 자살할 수밖에 없다.

왕따 가해자에게 법적 책임을 묻는 것은 왕따 행위를 줄이는 효과를 가져온다. 우리 연구에서 왕따 가해학생들이 왕따가 법적으로 처리된다는 사실을 듣고 큰 충격을 받았다. 학교에서 왕따 가해 행위가 얼마나 나쁜 행동이고, 이는 법적으로 제재를 받고 피해자에게 보상해야한다는 사실을 학생들에게 주지시킬 필요가 있다. 그리고 학부모에게 왕따 피해자가 나타내는 여러 가지 행동, 예컨대 가방이 찢겨오거나 타박상을 입고, 우울하며, 등교를 거부하고 죽고 싶다는 호소를 하는 경우에는 자기 자식이 왕따 피해자가 아닌지 의심해보라고 교육시켜야 한다.

왕따는 그 가해자가 성장해서 폭력전과범으로 성장할 가능성이 일반인보다 서 너 배나 높다. 그리고 왕따 피해자는 그로 인한 후유증에 상당기간 시달린다. 따라서 초중고의 교사들이 학급의 성적을 올리고 대학진학률을 높이는 것보다는 제자 중에서 왕따 피해자와 가해자가 발생하지 않도록 애쓰는 것이 보다 더 중요하다.

3장
한국 대학과 대학교수의 문제점

우리 대학과 대학교수의 문제에 관해서는 정범모(2006)가 『학문의 조건』이란 책에서 광범위하게, 그리고 자세하게 기술한 바 있다. 그는 한국대학의 풍토를 다음과 같은 여섯 가지로 집약했다.

(1)학사 방만성 (2)유락문화 (3)대학자치의 오해 (4)교육과 연구의 갈등 (5)폐쇄성 (6)자기 안주.

그가 말하는 '학사 방만성'이란 대학생이 놀기에 바쁘고 교수도 연구에 전념하지 않고 적당히 학점을 주고 졸업하는 것을 말한다. 그리고 학사 방만성의 결과로 우리대학의 '유락문화'가 초래되었다고 본다. '대학자치의 오해'란 가르치고 배우는, 즉 교학(教學)의 자율성이 한국대학에서 잘못 진행되고 있음을 지적한 것이다. 우선은 교육과학기술부에서 대학의 교육과정과 학생선발에 간섭하고, 반대로 교수나 학생들까지 대학행정에 관여하려는 촌극을 벌인다고 지적했다. '교육과 연구의 갈등'이란 한국대학이 연구를 강조한 나머지 교육을 등한시하는 경향을 지적한 것이다. 그는 '연구중심 대학'이란 말에 반대하는데, 그 이유는 대학의 첫 번째 목표가 잘 가르치는 것이고 연구는 그 첫째 목표를 수행하는 과정에서 자연 뒤따르기 때문이다. 잘 가르치려면 연구하는 것은 당연하다는 말이다. '폐쇄성'이란 대학교수나 총장의 임명에서 동종 교배현상이 두드러져 출신학교와 동향을 따지고, 학문에 있어서도 배타적이어서 다른 학문과 통섭하지 않는 경향을 지적한 것이다. 마지막으로 '자기 안주'는 대학교수에 대한 평가제도가 부실해 교수로 임명되면 똑같이 승진하고 대우 받아 자기 발전을 도모하지 않는 풍토를 비판한 것이다.

미국의 어떤 경제학자의 말에 따르면 미국사회에서 제일 경쟁력이 강한 곳은 바로 대학이라고 한다. 대학은 적은 비용을 들여서 큰 효과를 볼 수 있기 때문이다. 그의 주장은 다음과 같은 사실에서 증명된다. 미국에서 노벨상을 탄 사람은 거의가 다 대학교수이거나 대학산하 연구소 교수다. 더러 기업체 연구소 직원이 노벨상을 받기도 하지만 이는 극히 예외다. 그러면 어떻게 해서 미국 대학이 가장 강한 경쟁력을 갖추게 되었는가? 첫째는 값싼 인건비 때문이다. 대학교수에게 연구비를 안겨주면 그 교수는 거느리고 있는 제자들, 주로 대학원생을 동원하여 연구를 수행한다. 학생들은 연구에 참여하는 대가로 학비면제는 물론 생활비보조를 받는다. 그래서 대학원생들은 지도교수의 연구생이 되기 위해서 열심히 공부하고 연구생이 되면 밤새도록 연구실을 지킨다.

저자는 재직 중에 안식년을 맞이하여 사위가 공부하는 위스콘신대학에 들른 적이 있다. 당시 사위는 생화학 박사과정을 밟고 있었다. 그런데 사위 얼굴보기가 힘들었다. 저녁 늦게 들어오고 새벽 5시에 연구실로 달려가기 때문이었다. 저자는 안식년을 사위의 아파트에서 빈둥빈둥 노는 게 마음에 걸려 일정을 앞당겨 다른 곳으로 이동했다. 귀국 후 나는 제자들을 모아놓고 사위가 공부하는 광경을 전하며 반성하는 마음을 나누었다.

저자는 우리나라에 국가에서 세운 연구소와 위원회가 너무나 많은 것에 불만이다. 특히 교육과학기술부가 그렇다. 그곳에는 교육개발원을 비롯하여 교육평가원, 국사편찬위원회, 한국과학창의재단 등등 수많은 기관이 있다. 그 기관들이 다 필요해서 만들어졌겠지만 교과부 관리들이 퇴임한 후 재취업하기 위해 만들었다는 설이 난무한다. 그런데 이런 경향은 비단 교과부에만 국한하지 않는다. 지식경제부, 보건복지부 등 정부부처 모두가 다 그 모양이다.

미국에서는 중대한 교육문제나 경제문제가 발생하면 대학의 전문교수에게 연구비를 주어 연구를 위촉한다. 그러면 앞에서 말한 바와 같이 싼 경비를 들여 좋은 성과를 얻을 수 있다. 그러나 한국처럼 정부부처가 산하에 많은 연구소를 거느리고 모든 문제를 연구소에서 다루면 비용이 많이 든다. 건물을 마련해야하고 인건비를 지불하고 건물유지비가 들어가기 때문이다.

최근 한국 교과부의 재정이 풍부해져 대학에 재정보조를 해주고 교수들에게도 많은 연구비를 지원한다. 소위 BK 21이 그 대표적인 예이다. 그러나 연구비가 필요한 곳에, 그리고 적임자에게 배정되지 않고 정치적 논리나 여러 가지 연고에 따라 집행되는 경우가 허다하다. 또 연구비 지원을 받은 교수가 양심적으로 연구비를 집행하지 않아 세간의 물의를 일으키기도 한다. 이제 그 몇몇 예를 들어보자.

다음 글은 「교과부 5개 부실대학 퇴출후보 올라」란 제목으로 〈동아일보〉(2012년 1월 20일)에 실린 기사다.

"감사원 감사에서 중대한 부정과 비리가 드러난 5개 대학이 퇴출 후보가 됐다. 교육과학기술부는 19일 감사원이 지난해 감사한 교육지표 부실대학 22곳에 시정조치 및 관련자 징계를 요구했다. 이 중에서 비리가 심각한 5곳은 2개월 안에 교과부의 요구를 이행하지 않으면 추가 시정 요구 및 학교 폐쇄 경고 등의 절차를 거쳐 학교 문을 닫아야 한다. 교과부에 따르면 경북 K대는 수업에 불참한 학생이나 졸업학점 미달자 등 76명에게 학점을 주고 37명에게 학위를 줬다. 평생교육시설 수강생을 대행업체를 통해 불법 모집했고 교비를 무단으로 사용한 사실도 드러났다. 강원 H대는 수업시간 미달 학생 199명에게 학점을 주고 86명에게는 학위를 줬다. 무자격자를 교원으로 임용했으며 공사 계약을 하면서 특정 업체에 혜택을 제공하기도 했다. 전문대인 전북 B대는 1419명에게 부당하게 학점을 주고 이 중 837명에게 학위를 줬다. 또 자격 미달자 5명을 교원으로 임용했다. 전문대인 전북 J대도 신입생을 추천해 데려오는 재학생에게 1명당 10만 원의 모집 대가를 장학금 명목으로 지급했다. 기부금 등 13억여 원을 불법으로 사용한 사실도 적발됐다. 퇴출 후보인 5개 대학에는 지난해 말에 경영부실대학으로 선정된 충남 선교청대도 포함됐다. 이 대학은 경영부실대학 중에서도 비리 정도가 심각해 최근까지 교과부의 강도 높은 종합감사를 받았다.

교과부 관계자는 '시정 요구를 제대로 이행하지 못하는 대학은 명신대 성화대처럼 실제 퇴출로 이어질 수 있다'고 말했다."(남윤서 기자)

다음 글은 '교직원 인건비 지나치게 올려준 전 현 국립대 총장 2명 징계요구'란 제목으로 〈동아일보〉(2012년 1월 20일)에 실린 기사다.

"감사원은 총장 선거공약을 이행하기 위해 교직원 인건비를 부당하게 올려 학생들의 등록금 부담을 늘린 전·현직 국립대 총장 2명에 대해 징계를 요구했다고 19일 밝혔다. 연구개발사업비를 빼돌려 개인 용도로 사용한 교수 10명에 대해서는 검찰에 수사를 의뢰했다. 감사원은 지난해 7, 8월 교육과학기술부와 국·공립대 6곳, 사립대 29곳을 대상으로 대학 등록금 책정·운용 및 연구개발사업 지원·관리 실태를 감사한 결과를 공개했다. 이에 따르면 충북대는 '급여 수준을 국립대 최상위 수준으로 향상시키겠다'는 전임 총장의 선거공약을 이행하기 위해 2010년 2개 수당을 신설해 80억 원을 지급하는 등 2년간 인건비 164억 원을 인상했다. 전남대도 2009년 기존 2개 수당을 52.7% 인상하고 2010년 2개 수당을 신설하는 등 2008년 현 총장이 취임한 이후 인건비 81억 원을 부당 인상했다. 또 모 대학 A 교수는 연구개발사업비 중 연구원 인건비 6억4000만 원을 공동 관리계좌에 입금하게 한 뒤 이 중 4억 원을 본인과 가족 명의 계좌에 입금하거나 현금으로 인출해 개인 카드이용대금 결제, 정기적금 불입 등에 사용했다. 다른 대학의 B 교수는 연구원 15명이 받은 인건비와 장학금 등 10억여 원을 자신의 명의로 입금하게 한 뒤 이 중 2억4000만 원을 개인 용도로 사용했다. 감사원은 은행 폐쇄회로(CC)TV 기록을 통해 연구원들이 통장을 모아 가져온 뒤 돈을 인출해 이를 다시 B 교수의 계좌에 입금하는 모습을 확인했다. 아울러 서울대 등 대학 5곳이 학교발전기금 등 총 281억 원을 회계장부에 기록되지 않는 '부외계좌'로 관리한 사실도 적발했다."(장택동 기자)

위의 글은 모두 대학과 대학교수의 비리와 부정에 관한 내용이다. 이제 본론으로 들어가 대학과 대학교수의 문제점을 논하기로 하자. 저자는 정범모(2006)가 지적한 것에 다음과 같은 문제점을 추가하고자 하는데, 그것은 (1)대학사회의 이기성 (2)대학의 비전문성 대 전문성 (3)대학운영 (4)등록금 문제 (5)리더십의 개발 등이다.

1. 대학사회의 이기성

한국대학교수들이 과 중심으로 뭉쳐있어서 자기 과의 발전을 위해서는 물불을 가리지 않는다. 그로 인해 발생하는 문제가 허다하다. 하나는 학부에 필요 없는 학과를 계속 유지하려는 이기주의다. 미국에서는 경영학과가 대부분 대학원에 소속되어있다. 경영대학원에서는 대학을 졸업하고 기업체에서 얼마간 근무한 적이 있는 사람만 뽑는다. 그 이유는 경영학에서 중요한 것이 사람경영인데 이 업무는 인간이란 어떤 존재인가, 인간은 어떤 동기와 정서를 가지고 있는가를 잘 알아야하고, 또 실무경험이 필요하기 때문이다. 그러나 우리나라에서는 모든 경영학과가 학부에 설치되어있다. 경영학과 교수 자신이 한 번도 기업체에서 근무해본 적이 없고 제자들마저 그러니 경영학이 실무가 아닌 탁상공론에 빠지기 일쑤다. 저자가 한 경영학과 교수에게 이런 문제점을 제기했더니 그의 대답이 걸작이었다. "한국에서는 학부에 학생이 있어야만 그 학과가 힘을 쓰는데, 그래서 학부에 경영학과가 필요하다."

또 다른 예를 한 번 들어보자. 미국에서는 도서관학과가 대학원에 주로 설치되어있다. 그런데 우리나라에서는 학부에 대부분 설치되어 있다. 왜 미국에서는 도서관학과를 대학원에 설치했는가? 학문의 각 영역을 담당하는 전문사서가 필요하기 때문이다. 예컨대 대학원에서 심리학 도서를 전문으로 하는 전문가를 키워내기 위해서다. 책을 분류하려면 그 책이 어느 전공분야의 어느 하위 분야인지를 잘 알아야한다. 그런데 이것을 모르면 책을 엉뚱한 곳에 배치할 수 있다. 저자가 도서관에『White Bear』라는 책을 주문했는데 이 책이 입고되었을 터인데 도무지 찾을 길이 없었다(당시는 아직 책이 전산화되지 않아 '통합검색'이 불가능한 시대였다). 이 책은 사회심리학 책으로 분명히 심리학 서가에 비치되어 있어야 하는데 고생 끝에 찾아보니 문학서가에 꽂혀 있었다. 책명이 심리학이 아닌 문학적 표현이었기 때문이다. 또 다른 예를 들어보자. 저자는 추리소설을 애호한다. 그래서 웬만한 유명 추리소설은 대개 다 읽었다. 그래서 도서관에 가서 새로 나온 추리소설이 있는가하고 문의해 보면 아무도 대답해주는 사람이 없다. 사서가 책을 분류하기만 했지 독서지도를 할 만한 전문지식이 없는 탓이다. 그리고 지식부족 원인은 도서관학과를 경영학과와 마찬가지로 대학원이 아닌 학부에 설치했기 때문이다.

한국대학에 동종의 유사학과가 난립하는 것도 교수들 간의 이기심에 기인한다. 우리나라에는 외국에서 한 학과에서 가르치는 내용을 여러 종류의 학과로 쪼개어 가르치는 경우가 많다. 한 예를 들면 한국대학에는 유아교육과, 아동학과, 청소년학과, 노인학과 등이 흔하게 발견

된다. 그런데 심리학에는 발달심리학이라는 분야가 있고, 이 분야를 더 세분하면 유아발달, 아동발달, 청소년발달, 그리고 노인문제로 나누어진다. 그래서 미국에서는 우리나라처럼 위에 열거한 학과가 따로 없고 심리학과 한 곳에 녹아들어가 있다.

왜 우리나라에서는 이처럼 과가 세분되었는가? 학자들의 이기심 내지 불협화음 탓이다. 서울대에 저자가 입학했을 때 동물학과와 식물학과가 쪼개져 있었는데 그 전에는 생물학과 하나뿐이었다. 그런데 생물학과가 분화한 것은 필요성보다는 교수들의 이기심 때문이라는 설이 나돌았다. 이는 서울대의 정치학과도 마찬가지다. 애초에는 정치학과 하나만 존재했으나 이것이 정치학과와 외교학과로 분리되었다. 최근에는 이를 다시 합친다는 이야기가 있다. 과는 분리되면 될수록 경비가 많이 들고 낭비가 많다. 앞에서 지적한 것처럼 여러 단계의 인간발달을 연구하는 과가 따로 따로 존재하기보다는 이를 심리학과 하나로 통합하면 경비도 줄이고 시너지 효과를 창출할 수 있다. 즉 유아, 아동, 청소년, 노인학과는 심리학과로 통합해야한다. 그러나 한국에서는 학자들의 이기심, 그리고 불협화음으로 필요 없는 과를 새로 만든다. 이런 문제를 제거하기 위해 불필요한 학과를 통합하려 들면 교수들의 반발이 거세다. 대학교수들이 반성해야할 중요한 문제 중의 하나가 이기심과 자기 학과에 대한 집착을 폐기하는 것이다.

2. 대학의 비전문성 대(對) 전문성

요즘 대학을 비판하는 사람 가운데 대학이 기업체에서 필요로 하는 사람을 길러내지 못한다고 불평하는 사람이 더러 있다. 그가 말하는 직무 기술수준이 어느 정도인가를 잘 알 수 없어서 이에 대해 확실한 대답을 하기는 어렵다. 그러나 대충 대기업에서 행하는 일반 업무, 예컨대 인사관리나 회계, 고객관리, 광고 등이라면 그런 것은 대학에서 반드시 가르쳐야할 내용은 아니라고 생각한다. 만일 고급 IT기술이라면 그것은 옳은 이야기이지만 그 고급기술은 오히려 대학이 아닌 대학원에서 가르쳐야할 내용이다.

저자는 교육학자가 아니므로 대학교육의 목표와 방향에 관해서 논하기가 어렵다. 다만 비전공자가 느낀 소감으로 간주되기를 바라면서 대학의 전문성과 비전문성 문제를 이야기 해보기로 하자. 저자가 느끼기에는 미국의 학부대학은 전문가를 키워내기보다는 현대를 살아가는 교양인을 키우는 것으로 만족하는 것 같다. 그래서 우리나라처럼 학부에서 어떤 과를 나왔는지에 상관없이 학사출신들은 여러 종류의 기업체에 응시할 수 있다. 그리고 미국회사도 학사출신을 전문가로 취급하지 않는다. 그런데 우리나라는 좀 다르다. 우리나라에서는 대기업에서 사원을 채용할 때 꼭 자격을 명시하여 예컨대 경영학과, 법학과, 그리고 영문학과를 지정해둔다. 그리고 다른 전공자들은 아예 시험을 볼 기회를 제공하지 않는다. 이것은 학부졸업생을 준전문가로 착각하는 기업의 잘못 탓이다. 앞에서 언급했지만 경영학 전공자는 미국에서는 대학원에서, 그것도 실무 경험이 있는 사람에 한해서 학생을 뽑는다. 그만큼 인간경영이 어렵기 때문이다. 그러나 우리나라에서는 학부에 경영학과가 있고 경영학 학사출신이 기업에서 환영을 받는다.

최근 대학의 전문분야에서도 그 분야의 전문지식 못지않게 다른 교양실력이 필요하다는 것을 점차 인식하게 되었다. 그 대표적인 예가

로스쿨이다. 전에는 법과대학이 있고 그 대학을 다닌 사람들이 고시를 쳐 법조인이 되는 것이 관례다.(물론 고졸자도 사법고시를 치룰 수 있지만) 그러나 고시만 합격한 사람이 법조인이 되면서 생기는 문제가 너무 많아 이제 따로 로스쿨이 생겼고, 학부에서 다른 전공을 하던 사람이 입학할 수 있다. 이는 의과대학도 마찬가지다. 의대가 따로 학생을 뽑아 6년간 교육을 시키지만 그런 전문교육생 이외에 이과에서 다른 분야의 공부를 하다 의대로 옮겨가는 새 제도를 마련했다. 로스쿨이 생기고 의대가 다른 루트로 신입생을 뽑는 이유는 그만큼 교양교육과 여러 다른 분야의 교육이 의학이나 법학에도 필요하다는 것을 인식했기 때문이다.

정리한다면 학부대학은 직장인을 배출하는 전문가 양성기관이 아니다. 이는 대학원도 마찬가지다. 대학원은 오히려 기업에서 해결할 수 없는 더 고차원적인 연구를 해야 하고 그래서 정말로 기업이 모셔가야 할 전문가를 양성해야한다. 이렇게 주장하는 이유는 우리나라에서 대학교육에 대한 잘못된 기대를 하고 있기 때문이다. 대학은 교양교육이 우선이고 각 전공분야에 관해서는 기초적인 것만을 가르치는 곳이다. 그런 학부출신에게 기업체에서 전문가의 지식을 요구하는 것은 잘못이다. 반면 대학원은 지금보다 더 깊이 연구해야한다.

나는 우리나라에 특수대학원이 번창하고 이에 교수들이 시간과 정력을 낭비하는 것을 못 마땅하게 본다. 예컨대 경영대학원에는 수많은 고위자 과정이 있다. 그래서 경영학과 교수의 강의시간과 학생지도시간을 계산하면 경영학과 교수들은 초인적인 힘을 발휘하고 있다. 예를 들어보자. 우선 경영학과 교수는 학부생을 지도해야하고 대학원에서 석사, 박사학생을 지도해야한다. 그러고도 밤에는 회사간부들을 대상으로 여러 가지 경영자 프로그램을 맡아야한다. 경영학과 교수들이 어떻게 그 많은 강의를 소화하고 그 많은 학생들을 지도할 수 있는지 수긍이 가지 않는다.

대학이 연구와 가르치는 것이 아닌 돈을 벌기위해 여러 가지 프로그램을 운영하는 것은 재고해야한다. 교수가 남보다 한 발 앞서가기 위해서는 부단히 연구해야하는데 너무 많은 시간을 돈 버는 일에 빼앗겨서는 그 책무를 다 할 수 없다. 우리나라에서 노벨상 수상자가 나오지 않는 이유는 대학원에서 전문가를 제대로 키워내지 못하기 때문이다.

3. 대학의 운영

정범모(2006)는 대학 총장은 대학 이사회에서 선출하는 것이 마땅하다고 말했는데 저자도 이에 찬성한다. 그간 대학에도 민주화 바람이 불어 한때 교수들이 총장을 직접 뽑았다. 그 제도가 좋은 것 같지만 선거로 인한 교수간의 갈등이 불거졌다. 교직원도 대학사회의 일원이라고 주장하여 교직원도 총장선거 시 일정량의 투표권을 갖는 학교도 생겨났다. 총장후보도 우리가 나왔으면 하는 교수는 발뺌하고, 반대로 나오지 말았으면 하는 교수가 입후보하는 경우가 생겨났다. 그런데 최근에 대학사회에서 총장 직접선출의 문제를 인식하고 이사회에 총장 선임권을 반환하는 움직임이 있다. 그런데 문제는 이사회가 잘 구성된 경우는 총장 선발을 이사회에서 결정하는 것이 마땅하다. 그리고 교수는 대학행정에 참여하지 않고 이사회에서 학교행정을 맡는 것이 바람직하다. 그러나 우리나라 사립대학의 경우 이사회가 교주의 친인척으로 채워지고 그들이 전횡을 일삼는 경우가 많다. 이런 경우 교수회가 이사회의 독주와 전횡을 제지할 방법이 없다. 교육과학기술부가 감사 기능을 강화해 학교재단과 이사회를 엄밀히, 그리고 공정하게 감독해 야 할 것이다.

대학은 과 중심으로 운영되어야한다. 그 이유는 모든 중요한 결정이 과에서 이루어지기 때문이다. 신임교수의 선발이나 과 교수의 승진과 승급에 관한 평가는 일차적으로 과의 책임이다. 지금 많은 대학에서 과가 이러한 중요한 기능을 다하고 있다. 그런데 문제는 과장의 역할 이 미국처럼 막강하지 못한데 있다. 한국에서는 과장을 2, 3년하고 교 체한다. 미국에서는 정교수 그것도 과를 창건한 사람이 과장을 퇴임할 때까지 계속하는 것이 관례다. 그리고 과장은 신임교수를 선발하고 과 의 중요한 업무를 처리할 때 막강한 권한을 행사한다. 물론 과 교수회 의라는 것이 있고, 그곳에서 신임교수를 결정한다. 이 때 학과장의 입 감이 강하다. 그런데 우리나라에서는 신임교수선발 때 모든 교수가 다 1표씩의 투표권을 행사한다. 이것이 가장 민주주의 방법인 것 같지만 실제로 그렇지도 않다.

대부분의 교수는 학생을 가르치고 연구하는데 바빠 인사문제에는 별 관심이 없다. 이런 상황에서 한 두 교수가 서로 작당하면 그들이 신 임교수의 인사권을 좌지우지할 수 있다. 이렇게 학과에서 권력을 행사 하고 싶은 사람들이 학과를 좌우하게 되면 그 학과는 올바른 결정을 하기 힘들다. 그런 점에서 미국에서처럼 학과장이 교체되지 않고 전권 을 행사하는 것이 마땅할 수 있다. 물론 과를 창건할 때 총장은 인선에 만전을 기해 학과장을 잘 뽑아야한다. 즉 그의 학계에서의 평판, 학문적 업적, 리더십을 모두 감안해 훌륭한 학자 겸 행정가의 안목을 가진 사람을 선발해야한다. 그리고 그에게 전권을 부여해야한다.

　우리나라에서는 대학 학장의 권한과 사무실이 너무 비대하다. 앞에서 언급한 바와 같이 모든 중요한 일은 각 학과에서 결정하니까 학장이 할 일은 별로 없다. 군사정부 시절에는 문교부에서 데모를 방지하라는 지시가 떨어지는 등 학사와 관련해 지시사항이 많아 학장의 역할이 적지 않았다. 그러나 이제는 과의 커리큘럼에서부터 시작해 교수의 평가, 선발 모두가 과에 이첩되어있다. 그래서 학장의 역할이 대폭 줄어들었다. 또 과거에는 수작업이 많아 사무실에 사무원들이 많았지만 지금은 모두 전산화했으므로 사무원의 할 일이 그만큼 줄어들었다. 그래서 외국에서는 학장은 하나의 상징적 존재로서 주로 외빈을 접대하는 역할을 맡는다. 그리고 대학 사무실에는 비서 한 두 명만 있을 뿐 다른 직원은 존재하지 않는다.

4. 등록금 문제

　지금 캠퍼스에서는 새 학기 등록금 인상문제로 시끌벅적하다. 학생회에서는 대폭 인하를 요구하는 반면 서울의 일류대학은 2~4%를 생각하고 있는 것 같다. 한국의 등록금은 세계적으로 비교해 볼 때 어떤가? 최근 미국이 서브프라임 모기지 사건으로 재정난에 봉착하고 따라서 대학등록금을 대폭 상향조정했다. 그래서 주립대학도 한 한기에 등록금이 1만 불에 가까운 대학이 많아졌다. 그에 비하면 한국 대학등록금 한 학기 400~500만원은 아직 그리 높은 것 같지는 않다. 그러나 GNP를 따져본다면 한국은 미국의 약 반밖에 되지 않으므로 절대로 싼 것이 아니다. 더불어 한국교수의 봉급수준은 꽤 높은 편이다.(정범모, 2006) 따라서 교수의 봉급을 더 이상 올리지 않고 학교살림도 많이 줄인다면 반값 등록금은 어렵다하더라도 지금 대학당국이 제시하는 것보다는 좀 더 등록금을 인하할 여지가 있다.

대학 등록금 인하 문제는 기부금을 내는 기여입학제를 허용함으로써 더 간단히 해결할 수 있다. 외국 유명 사립대학에서는 재벌들의 자제를 특례 입학시키면서 많은 기부금을 받아낸다. 우리도 이런 제도를 도입하려 했지만 학생들의 반발로 무산되었다. 학생들의 반발 이유는 형평성에 어긋난다는 것이다. 즉 돈 많은 사람의 자제만 좋은 대학에 가는 풍토가 형성된다는 것이다. 그러나 그 특례입학으로 저소득층 자녀가 장학금을 받는 등의 긍정적인 효과는 학생들이 이해하지 못하고 있다. 지금은 기여입학제가 소위 3불정책의 하나로 꽁꽁 묶여 있지만 어느 시기에 가서는 이를 적극 추진해야한다.

저자는 대학의 등록금 인하가 중요한 것이 아니라 대학의 질적 발전을 위해서 오히려 대학에 더 많은 재정이 투입되어야한다고 생각한다. 지금까지 대학은 정부지원, 학생등록금으로 대학에 건물을 짓는데 많은 돈을 투입했다. 그러나 교육은 그것이 초등이든 중고등이든 또는 대학이든 간에 건물보다는 교사, 또는 교수가 우수해야 한다. 아무리 시설을 잘 갖추어 놓았더라도 우수한 교육자가 존재하지 않으면 그 시설은 무용지물이다. 반대로 시설이 빈약하더라도 우수한 교육자가 있다면 우수한 전문가를 길러낼 수 있다. 그래서 미국에서는 교수의 봉급이 능력에 따라 차등이 크다. 우리나라도 밥그릇 숫자에 따라 교수가 승진하고 승급하기보다는 교수능력, 연구능력, 연구비 유치능력에 따라 연봉을 차등 지급해야한다. 이렇게 하려면 서울대학과 같은 국립대학은 사단법인화해야 한다. 현재 서울대가 이런 방향으로 나가는 것은 잘 된 것이다. 이에 관한 기사를 하나 소개하면서 이 절을 끝맺기로 한다.

다음 글은 〈조선일보〉 칼럼 「만물상」에 '연봉 15억 원 서울대 교수'란 제목으로 쓴 기사다(2012년 1월 19일)

"스타 경제학자 제프리 삭스는 하버드를 졸업하고 22년을 모교 강단에만 섰던 '하버드의 아바타' 같은 인물이었다. 그런 삭스를 2002년 아이비리그 경쟁자 컬럼비아대가 스카우트해갔다. 그는 연봉 30만 달러 외에 액수가 알려지지 않은 보너스와 갖가지 특혜를 받았고 한 해 1500만 달러의 연구기금을 마음껏 썼다. 컬럼비아대는 그 한 해 전엔 스탠퍼드대의 얼굴인 조지프 스티글리츠 경제학 교수도 데려갔다. 스티글리츠는 이적(移籍) 1년 만에 노벨 경제학상을 타내 몸값을 단단히 했다. ▶미국에서 교수 연봉이 가장 많은 곳은 텍사스대 MD앤더슨 암센터로 평균 20만8800달러를 준다. 하버드는 14만4400달러(5위), 예일은 12만9700달러(16위)다. 그러나 같은 대학에서도 지명도와 기여도에 따라 액수는 천차만별이다. 시카고대의 평균 연봉은 13만2100달러이지만 '괴짜경제학'으로 유명한 이 대학의 스티븐 레빗 교수는 45세 나이에 100만 달러를 받는 것으로 알려져 있다. ▶세계적 대학이 되려면 세계적 학자가 있어야 한다. 그래서 미국 대학들은 뛰어난 교수를 데려오고 우수한 교수를 빼앗기지 않으려고 결사적으로 노력한다. 스타 교수를 스카우트하려면 고액 연봉은 물론이고 연구실과 1급 조교(助敎)를 대주고 강의 부담도 줄여주는 다양한 당근이 필요하다.

때론 캘리포니아의 날씨, 뉴욕의 화려함 같은 것들이 프리미엄이 되기도 한다. ▶3년 전 서울대 공대의 젊은 교수가 사우디아라비아의 공과대학에 스카우트돼 갔다. 연구소장 겸임에 한 해 800만 달러 연구비 지원이라는 파격 조건이었다. 서울대는 그를 붙잡으려고 애썼지만 '애국심'이나 '애교심' 말고는 뾰족한 수단이 없었다. 그랬던 서울대가 노벨상 수상자에 버금가는 외국 석학 4명을 연봉 15억 원씩 주고 영입하겠다는 계획을 세웠다. 성장 가능성이 큰 학자 10여명을 데려와 연간 6억 원씩 지원해 차세대 대표학자로 키우겠다고도 했다. ▶서울대는 학문 업적이 큰 서울대 교수 10여명에게도 2억 원씩 지원할 방침이다. 올해 서울대가 법인화되면서 일어난 변화다. 그동안 '국립 서울대'는 공무원 규정에 얽매여 연봉을 더 주고 스타 교수를 데려올 수도 없었고 능력 있는 교수를 우대해줄 방법도 없었다. 좁은 나라에서 안방대장 노릇만 해온 서울대가 비로소 족쇄를 풀고 날아오를 기회가 왔다.(김형기 논설위원)

5. 리더십 개발

앞에서 대학교수는 그 자신이 사회적 리더면서 리더를 길러내는 이중 역할을 한다고 말했다. 대학교수가 고매한 인품, 가치관, 그리고 높은 학구열을 가지고 제자를 키운다면 그 자체가 제자에게 귀감이 된다. 그래서 훌륭한 교수는 직간접적으로 제자에게 리더십 교육을 하고 있는 것이다.

그런데 대학이나 기타 교육기관이 훌륭한 리더를 직접 교육시키는 방법은 없을까? 우리사회의 구석구석을 살펴보면 옛날 우리가 만날 수 있었던 큰 인물들이 없는 것 같다. 김구, 안창호, 서재필, 이상재, 조병옥, 신익희 같은 분들은 그릇이 큰 정치가이자 사회지도자였다. 그런데 오늘날 우리가 여러 사회조직을 들여다보면 옛날처럼 그런 큰 인물들이 눈에 잘 띠지 않는다. 좀 괜찮은 분 같다고 보면 부정부패에 연관되어 있고, 부정부패가 없는 분이라 존경할 만한다고 생각하면 자식들의 병역기피 문제로 지탄을 받고 있다.

그런데 이렇게 우리사회에서 인물기근이 발생하는 것은 앞으로 더욱 심화될 것 같다. 그렇게 보는 한 가지 이유는 우리가 이 책의 1, 2, 3, 4부에서 보아왔지만 현재 우리사회의 지도자층에 문제가 있기 때문이다. 자녀들이 아버지를 통해 인격을 연마하듯이 우리는 우리사회의 지도자 모습을 통해 우리의 리더십을 모방한다. 그런데 불행하게도 우리사회에서 존경할 만한 인물이 점차 줄어들고 있다.

리더의 개발과 관련해서 극히 우려되는 우리사회의 또 다른 측면은 우리의 교육제도가 청소년이 큰 인물로 성장하는데 방해가 되고 있다는 사실이다. 우리가 이 책의 제4부에서 살펴보았지만 우리의 초중고 교육은 대학입시를 위한 학원교육이나 진배없다. 학교에서 지덕체와 예능을 가르치는 전인교육이 사라진지 오래다. 이런 교육풍토에서 남을 이해하고 남을 설득하고 남을 이끄는 인물이 성장하기는 어렵다. 치열한 입시경쟁으로 생긴 우리의 각박한 학교풍토는 자기만 살아남겠다는 이기적 생존 경쟁력을 강화시킬 뿐 타인을 이해하고 돕고 이끄는 협동정신, 이타성을 배양하지는 못한다.

그래서 대학에서 1, 2학년을 대상으로 집중적으로 리더십을 가르치는 프로그램을 만드는 것이 어떨까한다. 그 방법 중의 하나는 신입생을 모두 기숙사에 입사시키고 그곳에서 학교수업을 마친 후 유명한 인사를 초청해 한국의 여러 가지 문제점, 한국이 나가야할 방향, 그리고 국제문제에 관해 강연을 듣게 하고 이와 관련해 진지한 토론을 하게 하는 것이다. 미국의 유명한 사립대학에서는 이런 방법을 많이 도입하고 있다.

리더십은 어린 시절 부모와 교사의 가르침, 학교교육, 운동을 통해 천천히 성숙되는 것이지만 대학에서 집중적으로 리더십을 언마하는 것은 청소년에게 아주 필요한 일일 것이다. 많은 대학에서 교양과정부를 두고 신입생에게 폭넓은 교양교육을 실시하고 있다. 이는 전에 비해 진보된 대학교육이다. 그러나 여기서 한 걸음 더 나아가 리더십을 위한 교육프로그램을 도입하면 그 효과가 클 것이다.

더불어 신입생 프로그램에서는 각 학생의 개인적 문제를 상담해주는 프로그램을 삽입할 필요가 있다. 우리나라 고등학생들은 치열한 입시경쟁을 치른 탓으로 정신과적 문제를 가진 사람이 많다. 정신과 의사들이 추정한 바에 따르면 우리 청소년의 약 20%가 정신과적 문제를 갖고 있다고 한다. 가능하면 대학신입생 모두에게 정신 진단검사를 실시하고, 문제가 있는 것으로 판명된 학생들은 학교상담소를 통해 그 문제를 해소해 주어야 한다. 리더가 되려면 무엇보다 몸과 마음이 건강해야한다. 그러므로 앞으로 리더가 될 대학신입생의 정신적 신체적 건강을 보살펴주는 것이 대학에서 할 중요한 임무 중의 하나다.

대학교수가 잘 가르쳐야하는데 꼭 공부만 잘 가르쳐서는 안 된다. 제자의 고민을 들어주고 제자의 진로를 상담해주며 그의 앞길을 위한 맨토 역할을 해주어야한다. 현재 각 대학에서는 교수로 하여금 제자와의 상담시간을 정해놓고 이를 시행하도록 의무화하고 있다. 그러나 교수나 제자나 이 시간을 강의에서 이해하지 못한 것을 가르쳐 주는 보충교육 시간으로 잘못 이해하고 있다. 이런 상담은 강의조교가 할 일이고 대학교수는 그보다는 인생상담을 해주어야한다. 자기문제를 이해하고 이를 해결할 수 있는 사람만이 올바른 지도자가 될 수 있다. 그러므로 교수의 멘토 역할, 인생 상담가의 역할은 교수활동 못지않게 아주 막중한 것이다.

마지막으로 검토하고자 하는 것은 정치지도자 양성기관을 하나 만드는 방법이다. 일본에서는 몇 십 년 전 마쓰시타라는 재벌회장이 자기 유산을 정치지도자를 양성하는 기관을 만드는데 사용하도록 유언했다. 그래서 만든 기관이 마쓰시타정경숙(松下政經塾)이다. 마쓰시타가 이 기관을 만든 이유는 일본이 경제발전은 했지만 오랜 세월 자민당이 집권하는 바람에 정계에 큰 인물이 배출되지 못했기 때문이다. 자민당은 여러 계파조직으로 분산되고 계파 간 갈등이 심했다. 그러다 보니 요즘 한국처럼 잔챙이 정치가는 많지만 거물 정치가가 없었다. 마쓰시타는 이를 심히 우려했다. 그것이 현실로 나타나 일본은 지난 10년간 수상이 여러 번 바뀌어 나라가 흔들리기 시작했다. 그 결과 자민당이 정권을 민주당에 넘겨주는 이변이 생겼다. 민주당이 개혁을 선거 이슈로 내걸어 집권했지만 국민들은 민주당 정권에서도 실망을 금치 못하고 있다.

마쓰시타가 만든 정경숙에서는 여러 분야에서 리더가 될 역량이 있는 사람들을 뽑아 기숙사에 입사시켜 장기간 훈련시킨다. 합숙훈련을 해가면서 훈련생들은 일본의 역사, 정치, 문화, 예술 등 다방면의 교육을 받는다. 특히 앞으로 세계적인 지도자가 되기 위해서 세계경제와 세계정치를 마스터하게 한다. 물론 교육은 전부 무료이다. 이 정경숙에서 배출한 인재가 현재 일본사회에서 리더로 부각되기 시작했는데 2012년 2월 현재의 일본 총리 노다 요시히코가 마쓰시타 정경숙의 제1기생이다. 마쓰시타가 꿈꾸었던 바가 이제 서서히 결실을 맺기 시작한 것이다.

우리니리에서도 이와 같은 지도자 양성기관을 하나 만들 필요가 있을 것 같다. 머리가 뛰어나고 품성이 올바르며 건전한 가치관과 인생관을 가진 젊은이 중에서 앞으로 정치지도자로 입문할 사람을 뽑아 무료로 리더십 교육과 훈련을 시키는 것이다. 국가가 지원해도 좋지만 일본처럼 재벌회사가 재원을 지원해주는 것도 좋은 방법일 것이다.

맺는 말

저자가 이 책을 쓰기 전에 미리 우리사회의 지도자들에게 문제가 많다는 사실을 인식하고 있었지만 막상 여기저기 자료를 모아 보니 정말 한심하다고 느끼지 않을 수 없다.

이 책의 각 부에서 언급한 국회의원, 대통령, 법조인, 그리고 교육자들이 저지르는 비리, 부정부패, 그리고 태만은 선진 외국에서는 찾아보기 힘들다. 물론 후진국, 예컨대 아프리카나 중남미 리더들의 모습은 우리와 비슷할 것이다. 우리가 옛날처럼 후진국이라면 후진국이라서 그러려니 하지만 이제 우리는 버젓한 선진국가다. 그럼에도 불구하고 아직 우리 지도자들의 품격은 후진국 수준을 벗어나지 못하고 있다.

이 책에서 다룬 네 종류의 지도자 그룹, 즉 국회의원과 대통령, 법조인, 그리고 교육자들이 공통적으로 자주 저지른 범죄는 뇌물수수와 부정이다. 왜 이들은 다른 사람보다 더 많은 봉급을 타면서도 금전에 연연하는가? 지도자들이 리더가 되려는 목적은 국가와 국민에게 봉사하고 그들로부터 존경을 받기 위해서다. 그럼에도 불구하고 한 국가의 최고통치자 반열에 오른 대통령까지 비리와 뇌물수수에 연루된다는 것은 도저히 납득이 가지 않는다. 왜 우리 지도자들만 다른 나라 지도자들과 달리 금전적 욕망에 사로잡혀 있는지 그 이유를 알 수 없다.

지도자들의 범법사항은 그렇다 치더라도 우리 지도자들이 너무 큰 죄를 짓고도 가벼운 처벌을 받고 쉽게 풀려나는 것에 우리는 분노하게 된다. 뇌물을 받고 비리를 저지르고도 대통령이나 국회의원, 그리고 정치가들이 한결같이 쉽게 풀려나고 복권된다. 거물들이 지은 죄에 비해 가벼운 처벌을 받는 것은 법조인이 그만큼 유약하고 눈치를 보기 때문이다. 그리고 대통령이 사면과 복권을 남발하는 탓이다. 대통령의 사면권은 즉시 철폐해야 한다.

우리 사회지도자들이 더 이상 죄를 짓지 않고 자신의 책무를 열심히 수행하게 만들려면 제일 먼저 법조계가 새로 태어나야 한다. 그리고 법조인이 소신껏 공정하게 법을 집행할 수 있으려면 배심제 재판제도를 하루 빨리 도입해야한다. 지금 국민의 법조인에 대한 존경심은 땅에 떨어져있다. 판사가 내리는 요즘 판결은 국민들의 기대와는 전혀 반대다. 예컨대 전 서울시 교육감에 대한 판결이 그렇다. 그래서 판결을 내린 판사 집에 동네 주민들이 몰려가 계란세례를 퍼부었다. 법조인이 국민들로부터 외면당하면 어떤 일이 벌어질 것인가? 생각만 해도 끔찍하다. 나라의 기강이 무너지고 사회혼란이 온다.

과거 한국은 인정이 많고 열심히 일하는 다이내믹한 사회였다. 그런데 요즘 우리나라에서 살맛이 안 난다고 말하는 사람이 많다. 그 이유 중의 하나는 사회지도자의 부패가 너무 심하고 참다운 지도자가 없기 때문이다. 지금은 나라가 안팎으로 어려울 때다. 이런 어려운 때일수록 국민에게 용기를 불어넣어주고 새로운 비전을 제시하는 지도자가 필요하다.

홀륭한 지도자는 어떻게 양성되는가? 청소년들이 부모와 교사의 가르침을 받고 훌륭한 사회지도자들을 모방하면서 지도자로 탄생한다. 그런데 지도자 양성의 책임을 맡고 있는 부모, 교사, 지도자들의 요즘 모습을 보면 비관적이다. 이미 우리가정에서 부모 부재현상이 나타나고 있는데 학생들이 공부에 전념하느라 부모와 접촉할 시간이 없다. 그리고 교사가 더 이상 학생들로부터 존경을 받지 못하고, 이는 사회지도자들도 마찬가지다. 따라서 앞으로 우리사회에서 존경받는 리더가 탄생할 가능성은 점차 줄어들고 있다고 봐야 할 것이다. 위에서 마쓰시타정경숙이 일본에서 중요한 역할을 하고 있다고 말했다. 한번 우리도 심사숙고해 보아야할 과제라고 생각한다.

이 책은 네 종류의 사회지도자만을 다루었다. 그러나 우리사회에는 여러 분야의 리더가 있다. 그리고 그들의 부정부패도 만만치가 않다. 예컨대 요즘 불거지고 있는 CNK주가 조작사건에 고위공무원들이 관련되어 있다는 보도가 나돈다. 이 책에 이어 속편으로 고위 공무원직, 언론계, 종교계, 그리고 연예계 등의 지도자의 모습을 그려보았으면 한다. 물론 그들 중에는 훌륭한 리더도 많다. 종교계에는 법정스님, 김수환 추기경, 이태석 신부 등이 계셨다. 그러나 한편 교회를 자식에까지 물려주는 종교지도자도 허다하다.

속편에서 다루는 지도자들은 이 책에서 보아온 지도자들처럼 부패하지 않고 깨끗한 인물들이 많았으면 한다. 그래서 그 책을 마감할 때는 지금처럼 자괴감을 느끼지 않았으면 하는 것이 저자의 간절한 희망이다.

참고문헌

가쿠마 다카시(2000). *아시아의 리더 김대중 대통령*. 서울; 창작시대.

곽동현 역(1999). *시대를 움직인 16인의 리더*. 서울; 작가정신.

〈경향신문〉, 참여연대(2003). *김대중 정부 5개년 평가와 노무현 정부 개혁과제*. 서울;
　　　　한울.

김상준 외 역(2007). *세계의 배심제도*. 서울; 나남.

김욱(2002). *김대중의 끝나지 않은 이야기*. 서울; 인물과 사상사.

김충남(1998). *성공한 대통령, 실패한 대통령*. 서울; 둥지.

김호진(2006). *한국정치체제론*. 서울; 박영사.

〈동아일보〉(2011). *국회의원 200개 특권 버려야*. 사설. 12월 29일 A31면.

바른사회시민회의(2007). *혼란과 좌절, 그 4년의 기록*. 서울; 해남.

박우희(1989). *한국의 경제발전*. 천안독립기념관 한국독립운동사 연구소, p. 40.

박진근(2000). *세계 속의 한국경제 40년*. 서울; 박영사.

안병진(2007). 노무현 대통령 리더십 특성; *토플러주의와 포퓰리즘의 모순적 공존*. 한국
　　　　정치학회. 관훈클럽 공동주최, 한국대통령리더십 학술회의.

양승함(2006). *노무현정부의 국정철학과 국가관리 원칙*. 양승함 편, 노무현 정부의 국가
　　　　관리 중간평가의 전망. 서울; 연세대학교 국가관리연구원.

앨빈 토플러(1989). *제3의 물결*. 서울; 한국경제신문사.

유영익(2006). *이승만 대통령 재평가*. 서울; 연세대학교 출판부.

이규철(2002). *충신이 환관을 못 당한다.* 서울; 어문각.

이진(2005). *참여정부 절반의 비망록.* 서울; 개마고원.

이훈구(2004). *사회심리학자가 본 노무현의 눈물의 정치학.* 〈신동아〉, 2월호.

이훈구(2000) *교실이야기.* 서울; 법문사.

장세진 외(2001). *김대중 정부의 4개 개혁; 평가와 과제.* 서울; 여강출판사.

전인권(1997). *편견 없는 김대중 이야기.* 서울; 무당미디어.

정대화 외(1998). *김대중 정부 개혁 대해부.* 서울; 지정.

정범모(2006). *학문의 조건.* 서울; 나남출판.

조갑제(2006). *김대중의 정체.* 서울; 조갑제닷컴.

조갑제(2007) *박정희 전기.* 서울; 조갑제 닷컴.

조순형(2003). *국회의원의 역할과 책임.* 이운정 편, 정치개혁과 국회개혁 중에서, 서울;
　　　　동 아시아연구원.

최보식(2011). *5년마다 수갑 차는 '아들, 형, 친척'.* 〈조선일보〉 2011년 12월 17일 53판.

최상오(2006). *이승만 대통령의 경제개발정책.* 유영익(2006)편, 이승만 대통령 재평가.
　　　　서 울; 연세대학교 출판부.

한승조(1992). *한국정치의 지도자들.* 서울; 대정진.

Eysenck, H, J.(1957). Sense & Nonsense in Psychology. Penguin Books.

심리학자의 회초리, 지도자를 올리다
– 이훈구가 말하는 한국의 리더

초판 1쇄 발행일 2012년 4월 5일

지은이 | 이훈구
펴낸이 | 안병훈
표지디자인 | 황은경
본문디자인 | 오숙이
펴낸곳 | 도서출판 기파랑
등록 | 2004년 12월 27일 제300-2004-204호
주소 | 서울시 종로구 동숭동 1-49 동숭빌딩 301호
전화 | 02)763-8996(편집부) 02)3288-0077(영업마케팅부)
팩스 | 02)763-8936
e-mail | info@guiparang.com

ISBN 978-89-6523-937-6 03300